ももたろうの ぼうけん

論理的思考力がつく！

プログラミングドリル

クマガイモトツグ
TechKidz ACADEMY
有限会社ENY代表

かんき出版

はじめに

プログラミングって、なんだろう？

コンピュータに「あれやって」「これやって」という「めいれい」を作《つく》ることを、プログラミングといいます。プログラミングされたものは、ゲームや電《でん》子《し》レンジ、スマートフォンなど、みなさんのまわりにあるものにつかわれていて、いろいろなことを、べんりにしてくれています。
この本《ほん》は「ももたろう」と「サクラ」がめいろやパズルをときながらすすめる、ハラハラドキドキのプログラミング大《だい》ぼうけんのお話《はなし》です。
さっそく２人《ふたり》といっしょに、ぼうけんをはじめましょう！

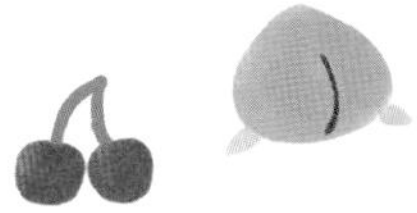

おうちの方へ ▶論理的思考力がつき、自ら考える力が鍛えられる！

2020年に小学校、2021年には中学校でプログラミング教育が必修化されました。2025年には大学入学共通テストに「情報」科目として導入される予定になっています。一部大学では、すでに試験科目としても導入されているようです。
プログラミング教育がこれほどまでに注目されている理由は、今や生きる上でIT技術が無くてはならない（ITを使いこなせないといけない）状況である、ということだけにとどまりません。**プログラミングを学ぶことで「論理的思考」が身につき、「自ら問題解決できる人材が育つ」**という背景もあるのです。

プログラミングは、感情を持たないコンピュータ相手に、命令をするものです。機械的に動くコンピュータに、正しく情報を伝える必要があるため、**論理的思考が自然と身につき、段取りもよくなり、自ら考えて問題解決できるようになります**（これを「プログラミング的思考」と呼びます）。
早い段階から「プログラミング的思考」を身につけると、生きる上で必要になる力がどんどん鍛えられるのと同時に、試験科目や仕事としてプログラミング言語を使う場面が出てきたときも、抵抗なく向き合えるようになるでしょう。

本書は、単調なドリルではなく、**昔話「ももたろう」を軸にしたストーリーを進めながらクイズ・パズルを解いていく**作りなので、**お子さんのモチベーションを維持しながら、プログラミング的思考が自然と身につきます。**
また、**すべての問題に大人向けの「教えるときのポイント」も記載しています**から、プログラミングを知らない方でも、安心してお子さんのサポートができるはずです。
本書で、未来に活躍するお子さんにプログラミング的思考を身につけていただければ、幸いです。

もくじ

第《だい》1章《しょう》 『ももたろう、生《う》まれる。』
プログラミングの考《かんが》え方《かた》 ① じゅんじょ …… 6～21 ページ

第《だい》2章《しょう》 『ももたろう、つかまる!?』
プログラミングの考《かんが》え方《かた》 ② くりかえし …… 22～35 ページ

第《だい》3章《しょう》 『ももたろう、きたえる！』
プログラミングの考《かんが》え方《かた》 ③ 場合《ばあい》わけ …… 36～49 ページ

第《だい》4章《しょう》 『ももたろう、ぼうけんへ！』
プログラミングの考《かんが》え方《かた》 ④ デバッグ …… 50～63 ページ

第《だい》5章《しょう》 『ももたろう、竜《りゅう》宮《ぐう》城《じょう》へ！』
プログラミングの考《かんが》え方《かた》 ⑤ あんごう …… 64～77 ページ

第《だい》6章《しょう》 『ももたろう、オニたいじへ？』
プログラミングの考《かんが》え方《かた》 ⑥ アルゴリズム …… 78～91 ページ

第《だい》7章《しょう》 『ももたろう、妖《よう》怪《かい》城《じょう》へ！』
プログラミングの考《かんが》え方《かた》 ⑦ へんすう・かんすう …… 92～105 ページ

第《だい》8章《しょう》 『ももたろう、さいごのたたかい！』
プログラミングの考《かんが》え方《かた》 ⑧ まとめ …… 106～121 ページ

ステップアップ！ パソコンでプログラミングして、ゲームを作《つく》ってみよう！ …… 122～127 ページ

こたえ合《あ》わせ …… 128～135 ページ

装丁デザイン：坂川朱音（朱猫堂）　本文デザイン・DTP：熊アート　イラスト：Meppelstatt

注記：本書の記述範囲を超えるご質問（解法の個別指導依頼など）につきましては、お答えいたしかねます。あらかじめご了承ください。

この本《ほん》のつかい方《かた》

この本《ほん》は、ちょっとかわった「ももたろう」のお話《はなし》です。
どんなお話《はなし》になるか、たのしみながらすすめましょう。

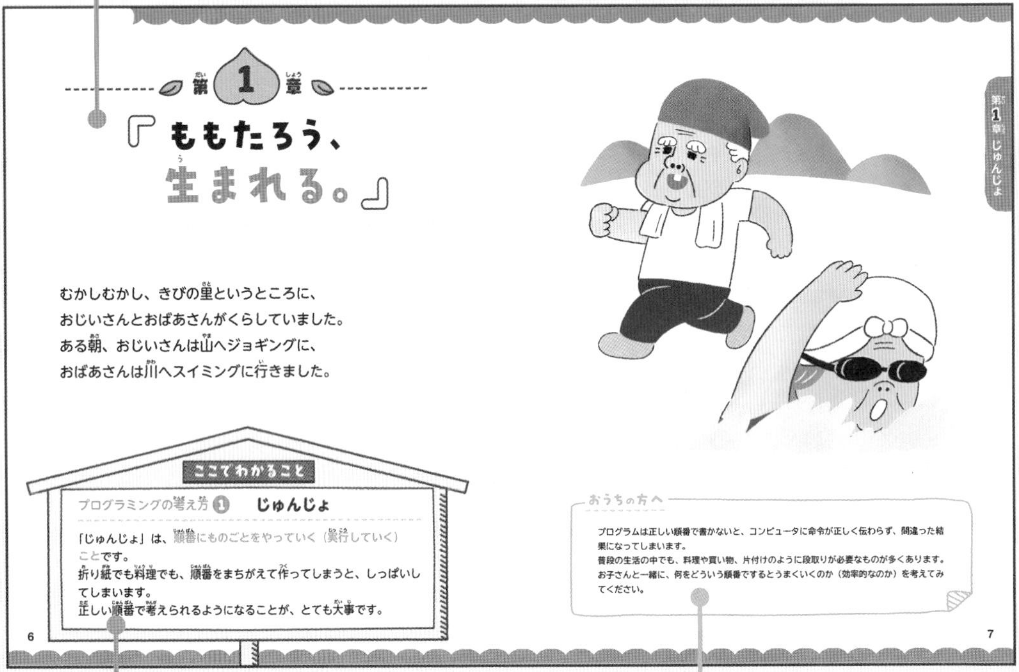

「じゅんじょ」「くりかえし」「場合《ばあい》わけ」「デバッグ」「あんごう」「アルゴリズム」「へんすう・かんすう」と、プログラミングのきほんを順番《じゅんばん》に勉強《べんきょう》していきます。ここではなにを勉強《べんきょう》するのか、かくにんしましょう。

おうちの方へ

プログラミングに馴染みのない方でもお子さんと一緒に読み進められるように、大人の方向けの解説も載せています。

日《ひ》にちを書《か》きましょう。

もんだい をよく読《よ》んで、
こたえを書《か》きましょう。
せいかいは、128〜135ページに
のっています。

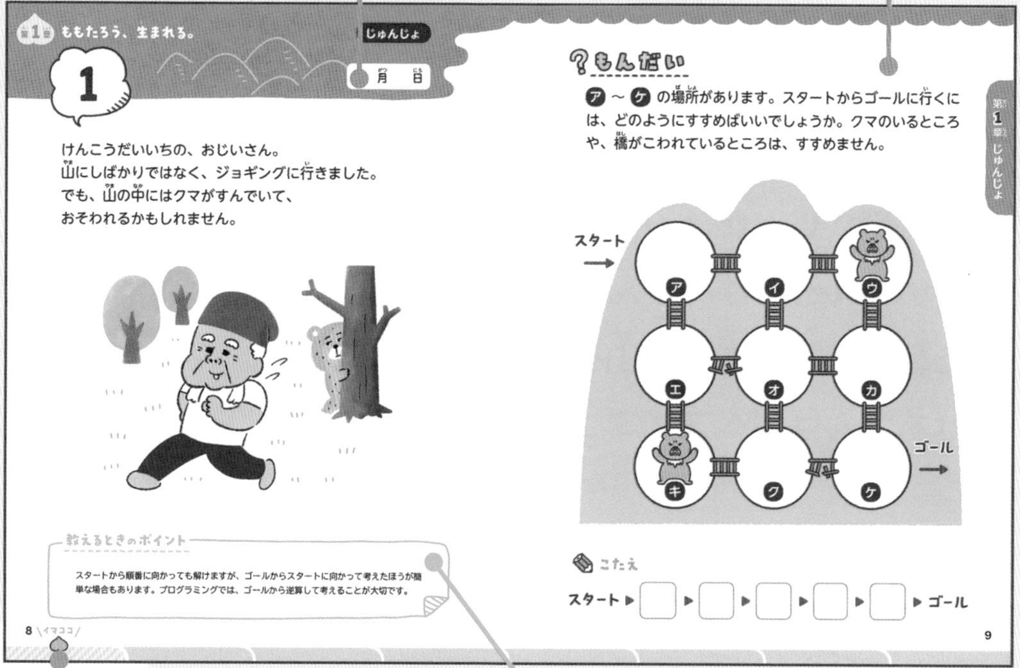
第1章 ももたろう、生まれる。 じゅんじょ

1

月《がつ》　日《にち》

けんこうだいいちの、おじいさん。
山《やま》にしばかりではなく、ジョギングに行《い》きました。
でも、山《やま》の中《なか》にはクマがすんでいて、
おそわれるかもしれません。

教えるときのポイント

スタートから順番に向かっても解けますが、ゴールからスタートに向かって考えたほうが簡単な場合もあります。プログラミングでは、ゴールから逆算して考えることが大切です。

8 \イマココ/

？もんだい

ア 〜 ケ の場《ば》所《しょ》があります。スタートからゴールに行《い》くには、どのようにすすめばいいでしょうか。クマのいるところや、橋《はし》がこわれているところは、すすめません。

こたえ

スタート ▶ □ ▶ □ ▶ □ ▶ □ ▶ □ ▶ ゴール

第1章 じゅんじょ

9

\イマココ/

本《ほん》のなかで、どこまですすんだかが、わかります。

おうちの方へ

すべての問題に、「教えるときのポイント」をつけました。問題を解くときの考え方や、プログラミングの基礎知識などを掲載しているので、参考にしてください。

第《だい》1章《しょう》

「ももたろう、生《う》まれる。」

むかしむかし、きびの里《さと》というところに、
おじいさんとおばあさんがくらしていました。
ある朝《あさ》、おじいさんは山《やま》へジョギングに、
おばあさんは川《かわ》へスイミングに行《い》きました。

ここでわかること

プログラミングの考《かんが》え方《かた》 1　じゅんじょ

「じゅんじょ」は、順番《じゅんばん》にものごとをやっていく（実行《じっこう》していく）ことです。
折《お》り紙《がみ》でも料理《りょうり》でも、順番《じゅんばん》をまちがえて作《つく》ってしまうと、しっぱいしてしまいます。
正《ただ》しい順番《じゅんばん》で考《かんが》えられるようになることが、とても大事《だいじ》です。

おうちの方へ

プログラムは正しい順番で書かないと、コンピュータに命令が正しく伝わらず、間違った結果になってしまいます。
普段の生活の中でも、料理や買い物、片付けのように段取りが必要なものが多くあります。
お子さんと一緒に、何をどういう順番でするとうまくいくのか（効率的なのか）を考えてみてください。

じゅんじょ

1

月《がつ》　日《にち》

けんこうだいいちの、おじいさん。
山《やま》にしばかりではなく、ジョギングに行《い》きました。
でも、山《やま》の中《なか》にはクマがすんでいて、
おそわれるかもしれません。

教えるときのポイント

スタートから順番に向かっても解けますが、ゴールからスタートに向かって考えたほうが簡単な場合もあります。プログラミングでは、ゴールから逆算して考えることが大切です。

?もんだい

ア ～ ケ の場所《ばしょ》があります。スタートからゴールに行《い》くには、どのようにすすめばいいでしょうか。クマのいるところや、橋《はし》がこわれているところは、すすめません。

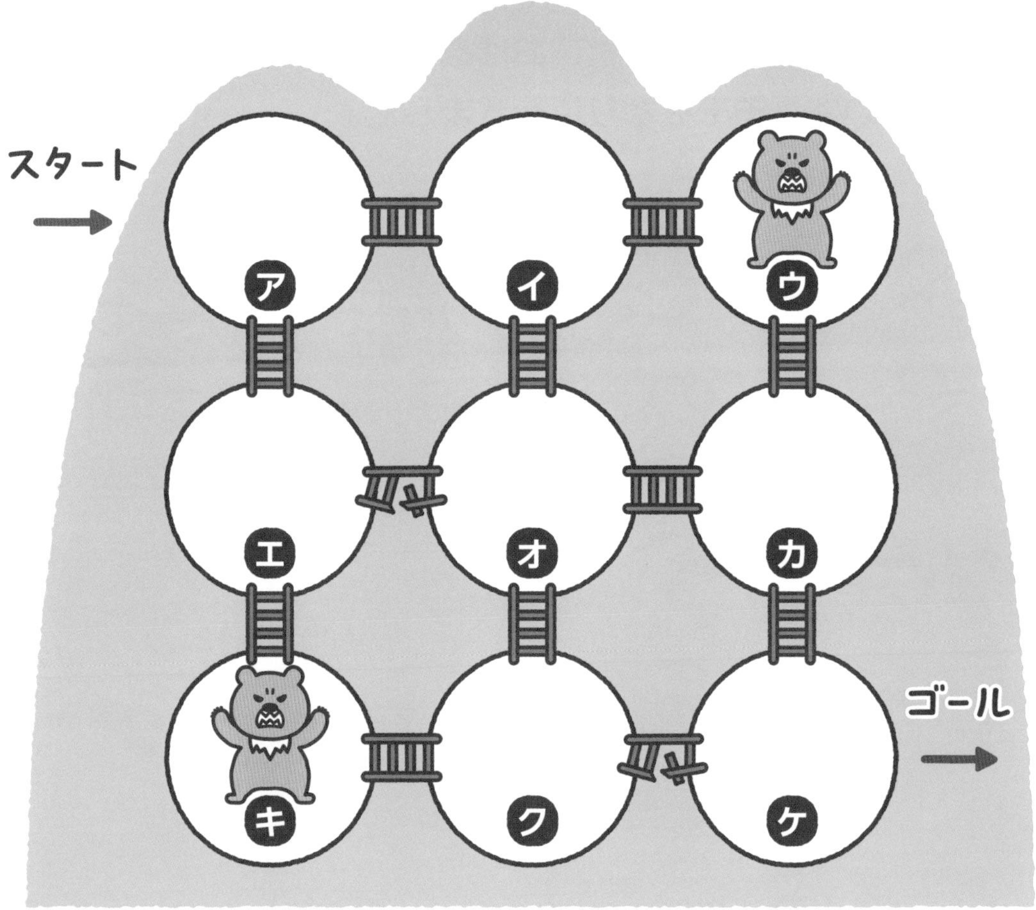

こたえ

スタート ▶ □ ▶ □ ▶ □ ▶ □ ▶ □ ▶ ゴール

じゅんじょ

2

月《がつ》　日《にち》

おばあさんも、けんこうだいいち。川《かわ》でスイミングをしていると、大《おお》きなモモがうかんでいるのを見《み》つけました。
今《こん》夜《や》のデザートにしようと、おばあさんはものすごいスピードでおよいで、モモをとりに行《い》きました。

教えるときのポイント

スタートから左右どちらに進んでもモモにたどり着けますが、できるだけ早く行ける方法を考えましょう。プログラムは、できるだけ無駄なく、効率的に動くように書くことが求められます。

イマココ

？もんだい

川《かわ》の中《なか》の岩《いわ》にぶつからないように、およいでモモをとりに行《い》きましょう。おばあさんは、マス目《め》の中《なか》を1マスずつ、すすめます。一番《いちばん》少《すく》ないうごきで、モモまでたどりつくには、どうおよげばいいでしょうか。

ルール

♥ から ★ までこのようにうごくときは、「前《まえ》→左《ひだり》→左《ひだり》」とこたえます。

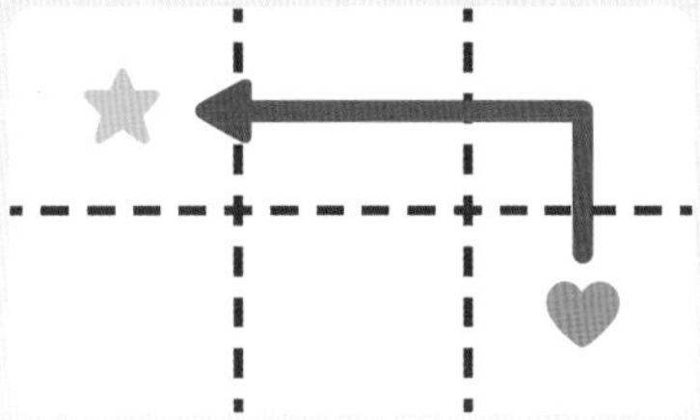

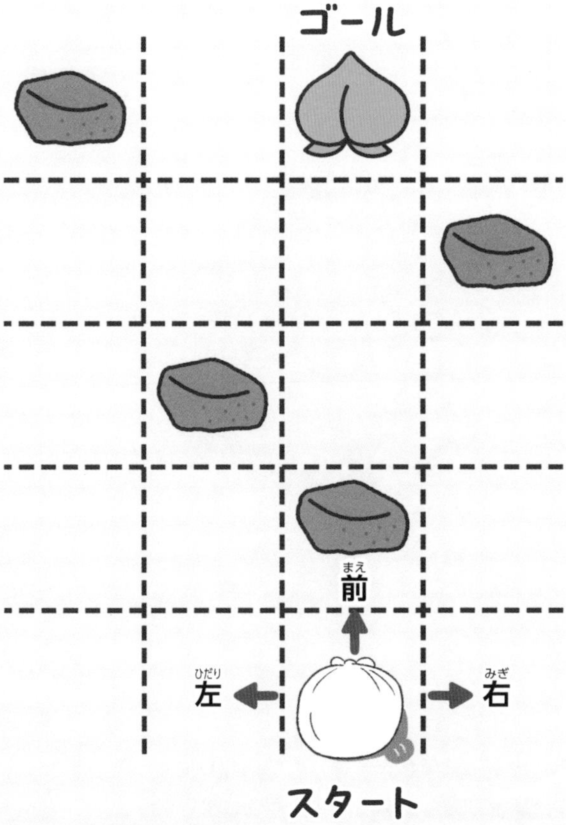

こたえ

［　　］にすすむ
▼
［　　］にすすむ
▼
［　　］にすすむ
▼
［　　］にすすむ
▼
［　　］にすすむ
▼
［　　］にすすむ
▼

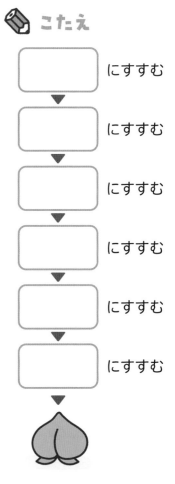

じゅんじょ

月《がつ》　日《にち》

3

おばあさんは大《おお》きなモモをもちかえり、
おじいさんと食《た》べることにしました。
おじいさんが、ほうちょうをふりあげたそのとき、
モモからニュッ！と、手紙《てがみ》が出《で》てきました。
あんごう文《ぶん》のようなものが書《か》いてあります。

教えるときのポイント

プログラミングは、1つ順番を間違えるだけで、結果が全く違うものになります。1つずつ矢印の通りにマスを進めることで、正しい順番で答えを導き出す練習をしましょう。

?もんだい

手紙《てがみ》に書《か》かれた矢《や》じるしの方向《ほうこう》にモモをうごかして、パスワードを見《み》つけましょう。

モモをひろってくださったやさしい方《かた》へ

パスワードを3回《かい》となえてください。
モモがひらきます。

〈パスワード〉

 → → ↓ ↓ ← ↑ ←

	も	も
よ	い	は
う	ま	あ

こたえ

おじいさんとおばあさんは、大《おお》きな声《こえ》でパスワードを３回《かい》となえました。

すると、モモが２つにパカっとわれて、中《なか》から、かわいらしいあかちゃんが出《で》てきました。

このあかちゃんは、モモから生《う》まれたので「ももたろう」と名《な》づけられ、あっというまに大《おお》きくなりました。

じゅんじょ

4

月《がつ》　　日《にち》

ももたろうはごはんをたくさん食《た》べます。
とくに回転《かいてん》ずしが大《だい》すき。今日《きょう》も回転《かいてん》ずしです。

教えるときのポイント

「最初と最後に置かれた皿はどこか」というところから考えれば、あとは順番に皿の色を見ていけば答えがわかります。「順番を考える」というのは、普段の生活でもできるプログラミング的思考の練習です。ちょっとしたときに、お子さんと一緒にやってみてください。

？もんだい

ももたろうは、ア ～ オ のお皿《さら》を、食《た》べた順《じゅん》にかさねていきました。どんな順番《じゅんばん》でおすしを食《た》べたでしょうか。

ア トロ　イ かっぱまき　ウ サーモン　エ きびだんご　オ いくら

1回目《かいめ》の注文《ちゅうもん》　2回目《かいめ》の注文《ちゅうもん》

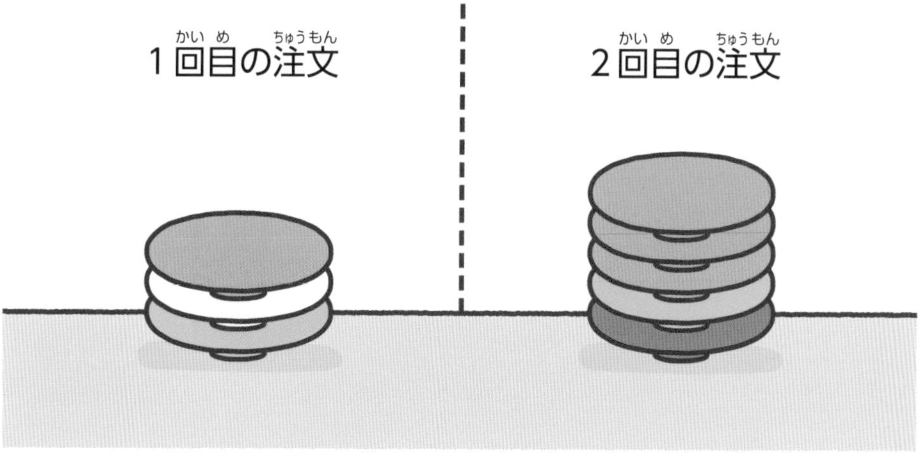

こたえ

□ ▶ □ ▶ □ ▶ □ ▶ □ ▶ □ ▶ □ ▶ □

じゅんじょ

5

月《がつ》　日《にち》

ある日《ひ》、おじいさんはスーパーに夕《ゆう》ごはんの買《か》いものへ。
買《か》いものがおわると、もうすっかりあたりはまっくら。
夜《よる》はクマが出《で》るので、帰《かえ》り道《みち》は気《き》をつけないといけません。

教えるときのポイント

遠まわりをしても家に着きますが、プログラミング的思考で言えば、できるだけ早くたどり着く方法を見つけることが大切です。こういった問題は、いろいろなパターンから、ベストな答えを選ぶ練習になります。

?もんだい

つぎのルールを読《よ》んで、スーパーから家《いえ》までの帰《かえ》り道《みち》を、矢《や》じるしで書《か》きましょう。一番《いちばん》近道《ちかみち》なルートで帰《かえ》りましょう。

ルール

- クマがいるところは通《とお》れません。
- 大《おお》きな岩《いわ》があるところは、ツルハシをもっていれば（1回《かい》ツルハシの場所《ばしょ》を通《とお》ったあとは）、こわして通《とお》れます。

♥ から ★ までこのようにうごくときは、「↑ ← ←」とこたえます。

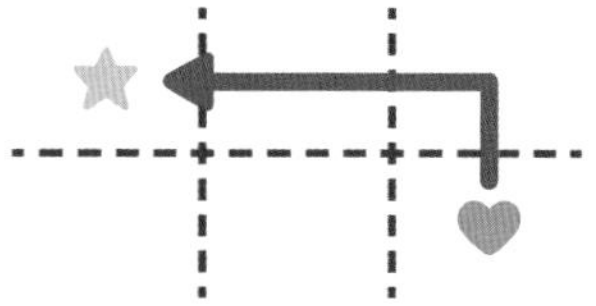

こたえ

こたえに書《か》く矢《や》じるし

↓ 下《した》にすすむ　↑ 上《うえ》にすすむ　→ 右《みぎ》にすすむ　← 左《ひだり》にすすむ

□ ▶ □ ▶ □ ▶ □ ▶ □ ▶ □

じゅんじょ

6

月《がつ》　日《にち》

おじいさんが買《か》いものから帰《かえ》ると、おばあさんはさっそく、ももたろうがすきな「カレーおでん」を作《つく》りはじめました。

教えるときのポイント

ルールを読むと「カレールーはさいごに入れる」とあるので、その料理カードをどこに入れるかが最初にわかります。いくつも選択肢があるような場合は、「絶対に外してはいけない条件」や「絶対に決まっているもの」から埋めていくのがコツです。

?もんだい

つぎのルールを読《よ》んで、左《ひだり》がわにある料理《りょうり》カードをこたえに入《い》れて、料理《りょうり》をかんせいさせましょう。

ルール

- おでんのだしを入《い》れてから、火《ひ》をつける
- カレーおでんの具《ぐ》は、おでんだしを入《い》れたあとに入《い》れる
- カレールーはさいごに入《い》れる

＜料理《りょうり》カード＞

- おでんのだしをなべに入《い》れる
- おでんなべを用意《ようい》する
- カレールーを入《い》れる
- だいこんを入《い》れる

こたえ

＜カレーおでんのつくり方《かた》＞

1. （　　　　）
2. （　　　　）
3. なべに火《ひ》をつける
4. だいこんをきる
5. （　　　　）
6. ウィンナーを入《い》れる
7. （　　　　）

にこんで完成《かんせい》！

第《だい》 2 章《しょう》

「ももたろう、つかまる!?」

やさしいおじいさんとおばあさんに
そだてられた、ももたろう。
おすしやきびだんご、大《だい》すきなおかしを食《た》べて、
しあわせにくらしています。
これからたいへんなことがおこるというのに……。

ここでわかること

プログラミングの考《かんが》え方《かた》 2 **くりかえし**

プログラムでは、同《おな》じことを何回《なんかい》もやるときは、1つにまとめて書《か》くことができます。たとえばジャンプを100回《かい》させたいときに、「ジャンプ、ジャンプ、ジャンプ……」と100回書《かいか》くとたいへんです。そこで、「ジャンプを100回《かい》」というようにまとめて書《か》くと、かんたんで、見《み》た目《め》もスッキリするのです。

おうちの方へ

プログラムは、繰り返し同じことを実行することが得意です。できるだけ効率化を図ってプログラミングすることがとても重要です。
プログラミングを学ぶと、繰り返していることをまとめる力が身につき、自然といろいろなことの効率化を考える頭の癖がつきます。
この章では、「繰り返し」を使うこと、「繰り返し」のパターンを見つけること、これらがポイントになってきます。

くりかえし

7

月《がつ》　日《にち》

ある日《ひ》、ももたろうは大《だい》すきなおかしを買《か》いに、
森《もり》のむこうにある、おかしやさんにでかけました。

教えるときのポイント

こたえ の繰り返しの数から、どの道順で進んでいるのかを考えると、わかりやすいです。他の行き方も、繰り返しを使うとどうなるか考えてみると、いい練習になります。

イマココ

？もんだい

おかしやさんに、たどりつくには、どのようにすすめばいいでしょうか。こたえの □ に入《はい》る矢《や》じるしをこたえましょう。森《もり》のマスは通《とお》れません。

ルール

♥ から ★ までこのようにうごくときは、「**↑ を2回《かい》くりかえしたあと、← を2回《かい》くりかえす**」とこたえます。

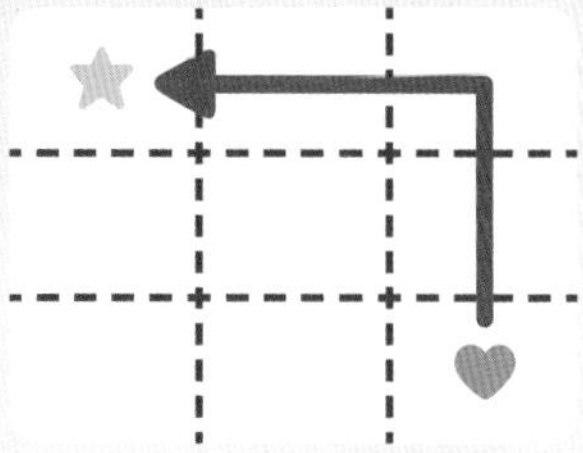

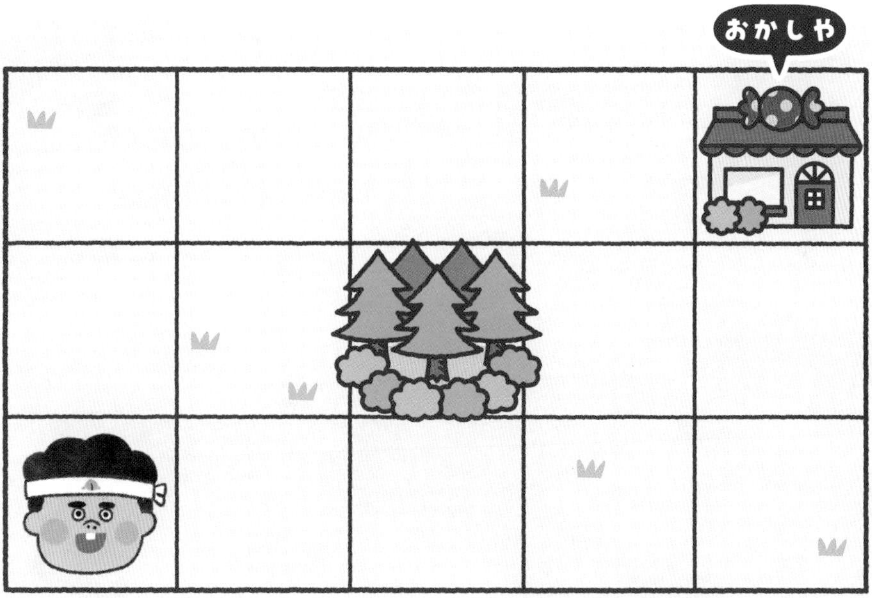

こたえ

こたえに書《か》く矢《や》じるし
↓ 下《した》にすすむ
↑ 上《うえ》にすすむ
→ 右《みぎ》にすすむ
← 左《ひだり》にすすむ

□ を2回《かい》くりかえしたあと、□ を4回《かい》くりかえしておかしやへ

くりかえし

8

月《がつ》　日《にち》

おかしやさんについた、ももたろう。
大好物《だいこうぶつ》の「きびアイス」などを、
買《か》いものカゴに入《い》れます。

教えるときのポイント

きびアイス、ももバー、ももチップスを買うルートを先に書いてから、ももたろうが進む動きを、「何を何回繰り返している」か分解していく方法もあります。プログラミングは、ゴールから細かく分解していくと、わかりやすくなります。

?もんだい

しょうひんの、となりかナナメのマスに行《い》けば、しょうひんをカゴに入《い》れることができます。□のマスには入《はい》ることができません。こたえの □ に矢《や》じるし・数字《すうじ》を入《い》れて、買《か》いものをすませましょう。

ルール

にんじん	クッキー
	ソーダ

れい ももたろうがいるマスのまわりにあるもの（にんじん、クッキー、ソーダ）は買《か》えます。

きび アイス	ゴリゴリ くん	ももバー	きゅうり	水《みず》	コーヒー	きび茶《ちゃ》
			はくさい			さつまいも チップス
			だいこん			ポテト チップス
						もも チップス

こたえ

こたえに書《か》く矢《や》じるし ↓ 下《した》にすすむ ↑ 上《うえ》にすすむ → 右《みぎ》にすすむ ← 左《ひだり》にすすむ

□ を2回《かい》くりかえしたあと、「きびアイス」をカゴに入《い》れます。

つぎに、□ を2回《かい》くりかえして、「ももバー」をカゴに入《い》れます。

そのあと ↓ 下《した》にすすむ を □ 回《かい》くりかえしてから、□ を □ 回《かい》くりかえして、

「ももチップス」をカゴに入《い》れます。

くりかえし

9

月《がつ》　日《にち》

帰《かえ》り道《みち》でおかしを食《た》べたももたろうは、ねむくなって道《みち》ばたでねてしまいました。
すると、ももたろうはブタとまちがえられて、ブタのトラックに、つれさられてしまったのです！
小屋《こや》で目《め》をさましたももたろう、カギがかかっていて出《で》られません。

「どうしよう」となやんでいると、「あのカギには、ひみつがあるんだよ」と声《こえ》をかけられました。
どうやらカギをあけるヒントがあるようです。

教えるときのポイント

プログラミングでは、繰り返してできることは、簡単にまとめて書くことが基本です。
「繰り返しの規則性を見つける」ことは、プログラミング的思考を養う訓練になります。

もんだい

このカギは、ボタンしきのカギです。ボタンには、星《ほし》、ブタ、モモのマークがついていて、おすたびにマークがかわります。マークをどのようにならべれば、カギがひらくでしょうか。

ヒント

- カギをかけている人《ひと》は、いつも❺〜❽のマークのどれかだけを、かえている。
- ①〜④と❺〜❽は、同《おな》じマークのならびになる。

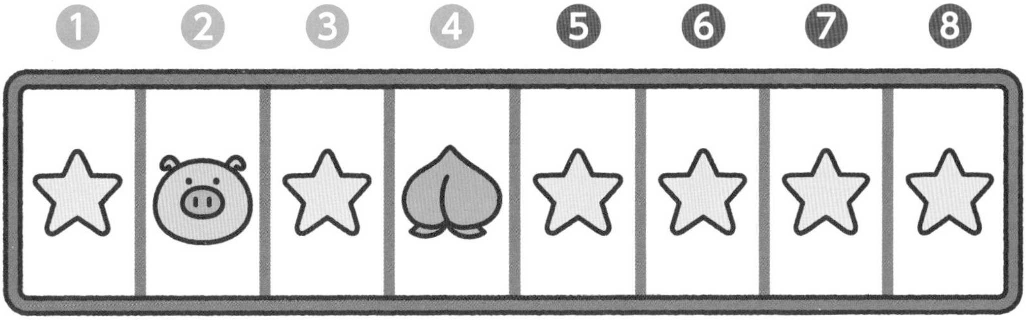

こたえ

［　　］番《ばん》を［　　　　］マークに、［　　］番《ばん》を［　　　　］マークにする。

くりかえし

10

月《がつ》　日《にち》

「よし、カギがひらいた、いそいで外《そと》へ出《で》よう！ところであなたの名前《なまえ》はなんていうの？」と、ももたろう。

「わたしはサクラ。うらしまサクラ。ここはロボットたちが見《み》はっていて、わたしはブタじゃないといっても、わかってくれないの。だから見《み》つからないように、にげるしかないの」と、サクラはこたえました。

教えるときのポイント

一番効率的に迷わず実行する方法を考えるのも、プログラミング的思考を身につける訓練になります。入口と出口から交互に繰り返しマークをたどっていく方法もあります。

?もんだい

ゆかにマークが書《か》かれています。たまに、あながあいていて、まちがったマスに行《い》くと、下《した》におちてしまうみたいです。「●◆⬢ をくりかえすべし」とカベに書《か》かれています。2人《ふたり》がすすむ道《みち》を線《せん》で書《か》いて、あなにおちないようにゴールへむかいましょう。ナナメにすすむことはできません。

こたえ　さいしょの3マスのつづきを、下《した》の図《ず》に書《か》きましょう。

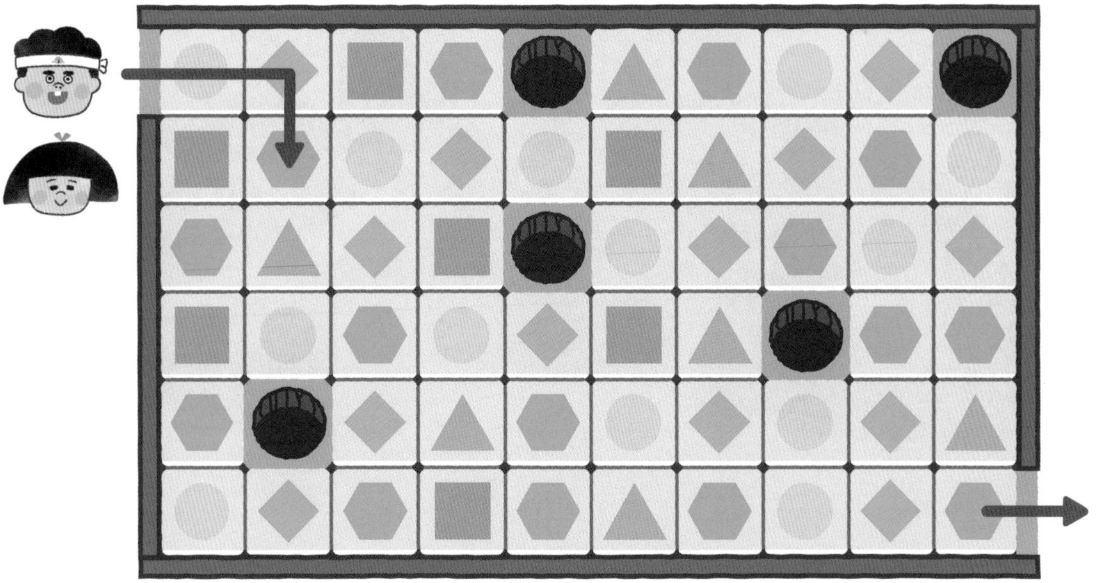

くりかえし

11

月《がつ》　日《にち》

やっと出《で》口《ぐち》のトビラにたどりついた2人《ふたり》。
「このカギをあければ出《で》られるんだな。
このボタンをおせばいいみたいだ」
「『まちがったボタンをおすと24時《じ》間《かん》あかなくなります』と
書《か》いてあるよ。しんちょうにね」

教えるときのポイント

繰り返されているパターンを見つける問題です。わかりづらいときは、実際にマークを書いてみるといいでしょう。

?もんだい

このカギは、ア～ウの３つのボタンのうち、どれか１つを何《なん》回《かい》かおすと、ひらきます。
カギあなの形《かたち》は、ア～ウのうち、どれかをかさねずに、いくつかならべた形《かたち》になっています。正《ただ》しいボタンをおして、カギをあけましょう。

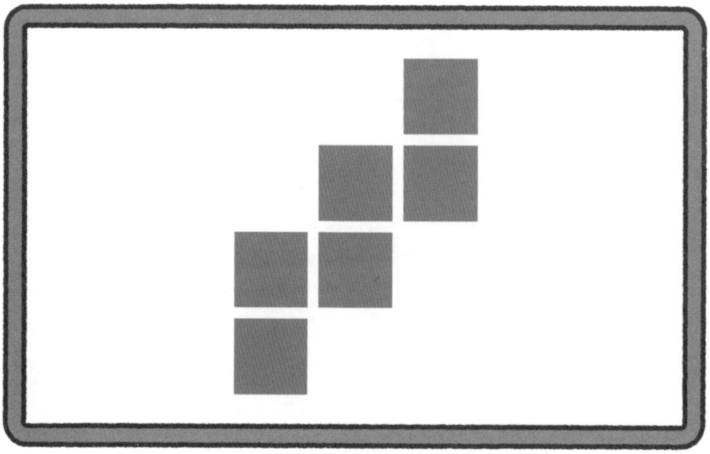

ア　イ　ウ

こたえ ［　　］のボタンを［　　］回《かい》おす

くりかえし

12

月《がつ》　日《にち》

やっとのことで外《そと》に出《で》た、ももたろうとサクラ。
すると、大《おお》きな川《かわ》が目《め》の前《まえ》に。
とちゅうまでは岩《いわ》が見《み》えているけど、
その先《さき》は水面《すいめん》より少《すこ》し下《した》に岩《いわ》がかくれていて、見《み》えません。
川《かわ》の中《なか》から人《ひと》くいワニがのぞいているから、
およいでわたることはできません！

教えるときのポイント

繰り返されているパターンを見つける問題です。見えている岩から、繰り返しのパターンを見つけましょう。

？もんだい

2人《ふたり》は岩《いわ》の上《うえ》をジャンプしながら、川《かわ》をわたることにしました。2人《ふたり》がジャンプできるきょりは、いつも同《おな》じです。どの番号《ばんごう》の岩《いわ》にジャンプすれば、川《かわ》のむこうがわに行《い》けるでしょうか。

こたえ □ と □

第《だい》 3 章《しょう》

「ももたろう、きたえる！」

家《いえ》についたももたろうとサクラでしたが、
だれかにとじこめられたことがくやしくて、
なみだが出《で》てきました。
2人《ふたり》はいっしょに、体《からだ》をきたえて強《つよ》くなることにしました。
「ももちゃん、どうやってきたえればいいのかな？」
「サクちゃん、そういえば道場《どうじょう》のチラシがあったよ、
見《み》てみよう！」

ここでわかること

プログラミングの考《かんが》え方《かた》 3　場合《ばあい》わけ

「場合《ばあい》わけ」は、「もし○○なら○○する、そうでなければ○○する」というように、場合《ばあい》によって、やることをかえることです。
ゲームの「もしAボタンをおしたらプレイヤーがうつ、もしBボタンをおしたら走《はし》る」といううごきも、場合《ばあい》わけをしているから、いろいろなうごきができるのです。

おうちの方へ

場合わけは、いわゆる「条件分岐」です。プログラミングはあらゆる条件を想定してつくっていきます。そこに「抜け」があると、ゲームやシステムが動かなくなったり、思わぬ動きをしてしまったりします（いわゆるバグのこと）。
条件分岐を意識できるようになると、普段の生活でも「もし○○だったら○○、そうでない場合は○○」というように、さまざまなパターンを想定でき、段取りよく失敗しない計画が立てられます。

場合《ばあい》わけ

月《がつ》　日《にち》

13

道場《どうじょう》のチラシを手《て》に入《い》れた2人《ふたり》。
そこには、いろいろな道場《どうじょう》のしょうかいと、
コースのせつめいが書《か》いてありました。

教えるときのポイント

ももたろうがおじいさん・おばあさんと一緒にどこに住んでいたか、6ページで確認しましょう。問題を読んで、どの条件に当てはまるかを場合わけしていきましょう。

もんだい

2人《ふたり》は、いっしょに道場《どうじょう》で体《からだ》をきたえて、強《つよ》くなろうとしています。

2人《ふたり》はどの道場《どうじょう》で、どの先生《せんせい》の、どのコースをうけるのでしょうか。

コース

- 「ももの村《むら》」または「きびの里《さと》」にすんでいる人《ひと》 → **ふじ道場《どうじょう》**
- 「とびの里《さと》」または「しのびの村《むら》」にすんでいる人《ひと》 → **とき道場《どうじょう》**

- ダイエットしたい人《ひと》 → **テシガワラ先生《せんせい》**
- 足《あし》がはやくなりたい人《ひと》 → **ソシガワラ先生《せんせい》**
- 強《つよ》くなりたい人《ひと》 → **オニガワラ先生《せんせい》**

- 1人《ひとり》できたえる場合《ばあい》 → **「そりゃそりゃ」コース**
- 2人《ふたり》できたえる場合《ばあい》 → **「とりゃとりゃ」コース**

こたえ

[　　　]道場《どうじょう》の[　　　]先生《せんせい》の[　　　]コース

場合《ばあい》わけ

14

月《がつ》　日《にち》

道場《どうじょう》に行《い》くと、オニのような顔《かお》をした、
オニガワラ先生《せんせい》がいました。
「強《つよ》くなるには、その人《ひと》を見《み》て、
すぐにその人《ひと》のことがわからないといけないぞ！
このテストにごうかくしたら、道場《どうじょう》に入《い》れてやろう！」

教えるときのポイント

プログラミングでは、1つだけでなく、複数の条件を組み合わせることが多々あります。
この問題では、先生の格好から答えを推測していきましょう。

？もんだい

オニガワラ先生《せんせい》は、気分《きぶん》によって、ふくやぼうしをかえます。オニガワラ先生《せんせい》が今《いま》どんな気《き》もちなのか、ふくそうを見《み》て答《こた》えましょう。当《あ》たればテストにごうかくです。

＜オニガワラ先生《せんせい》が、ふくをえらぶときのルール＞

- **おこっているとき**は、さんかくぼうしをかぶる
- **うれしいとき**は、まるいぼうしをかぶる
- **かなしいとき**は、ぼうしをかぶらない
- 朝《あさ》、**ざんねんなこと**があったときは、みどり色《いろ》のふくをきる
- 朝《あさ》、**かなしいこと**があったときは、黄色《きいろ》いふくをきる
- 朝《あさ》、**いいこと**があったときは、青《あお》いふくをきる

オニガワラ先生《せんせい》

こたえ

朝《あさ》 ［　　　　］ ことがあって ［　　　　］ 気《き》もち

場合《ばあい》わけ

15

月《がつ》　日《にち》

2人《ふたり》はテストに、みごとごうかく！
それぞれへやで、トレーニング用《よう》のふくに
きがえることになりました。

教えるときのポイント

プログラミングでは「フローチャート」といって、右ページのような図を使って、条件によってどういう結果になるかを示しながら、プログラムの流れを書いていきます。上から順番に場合わけをして、どうなるかを確認していきましょう。

もんだい

ももたろうがへやに入《はい》ると、カベにきがえのせつめいが、はってありました。さて、ももたろうは ア ～ ウ のうち、どのふくそうにきがえたでしょうか。

＜きがえのせつめい＞

名前《なまえ》はひらがなで3文字《もじ》である

はい → **サンダルをはく**
いいえ → **スニーカーをはく**

名前《なまえ》にくだものの名前《なまえ》がつく

はい → **Tシャツをきる**
いいえ → **なにもきない**

おかしがきらいだ

はい → **長《なが》いズボンをはく**
いいえ → **短《たん》パンをはく**

ももたろうがきがえたすがた

ヒント

22ページを見《み》てみよう

こたえ

場合《ばあい》わけ

16

月《がつ》　日《にち》

サクラもへやに入《はい》って、きがえます。

教えるときのポイント

これは、結果から間違えた条件を見つける問題です。上から順番に場合わけをしていって、結果と比べて、どこが違うかを考えましょう。「間違いを探す」というのも、プログラミングをする上でとても大事なことです。

?もんだい

サクラが入《はい》ったへやのカベにも、きがえのせつめいが、はってありました。でも、いそいでいたサクラは、どうやら、とちゅうでまちがえたようです。ア ～ ウ のうち、どこでまちがえたのでしょうか。

＜きがえのせつめい＞

ア 男《おとこ》の子《こ》である

はい → 青《あお》スニーカーをはく

いいえ → 赤《あか》スニーカーをはく

イ 名前《なまえ》が5文字《もじ》である

はい → 黄色《きいろ》いTシャツをきる

いいえ → 青《あお》いTシャツをきる

ウ ブタにまちがえられたことがある

はい → 長《なが》いズボンをはく

いいえ → 短《たん》パンをはく

こたえ

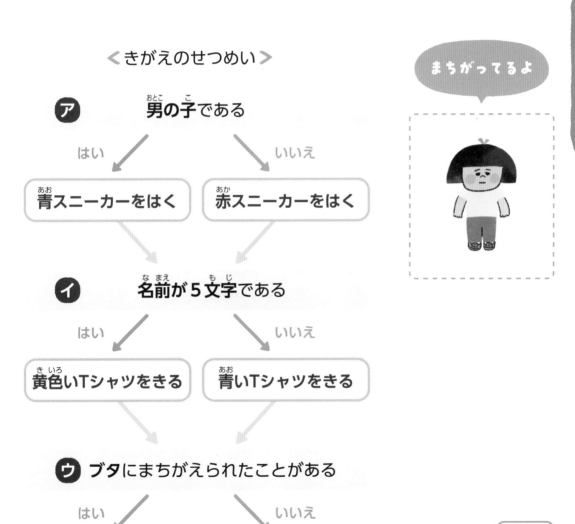

場合《ばあい》わけ

17

月《がつ》　日《にち》

2人《ふたり》ともきがえて、じゅんびかんりょう！
さっそく、とっくんかいしです。
まずはももたろうが、オニガワラ先生《せんせい》のしじどおりに
体《からだ》をうごかします。

教えるときのポイント

「しゃがむ」は移動しないことを意味します。この問題は、ゲームのプログラムでよく使われるものです。たとえば、ボールの色をコントローラーのボタンだと考えると、わかりやすいでしょう。

？もんだい

オニガワラ先生《せんせい》は、もっているボールの色《いろ》をつぎつぎにかえます。ボールの色《いろ》によって、ももたろうはうごきをかえます。
さいご、ももたろうは何番《なんばん》のマスにいるでしょうか。

ももたろうのうごき

赤《あか》 前《まえ》に１マスうごく
青《あお》 左《ひだり》に１マスうごく
緑《みどり》 右《みぎ》に１マスうごく
黄《き》 しゃがむ

＜オニガワラ先生《せんせい》がもっているボールの色《いろ》＞

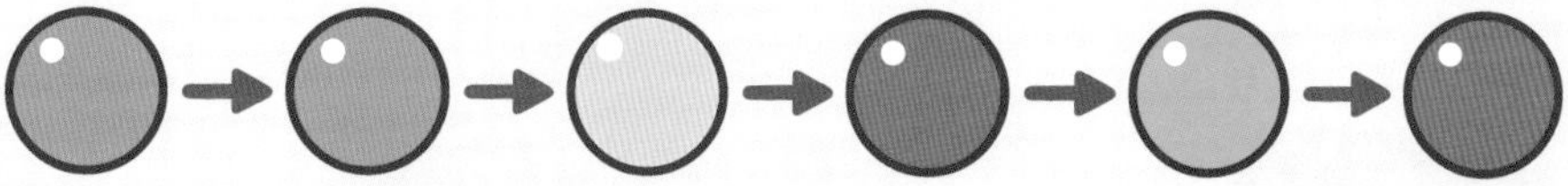

1	2	3	4	5
6	7	8	9	10
11	12		14	15
16	17	18	19	20
21	22	23	24	25

こたえ

場合《ばあい》わけ

18

月《がつ》　日《にち》

つづいてサクラもとっくんかいし！
オニガワラ先生《せんせい》のしじどおりに、体《からだ》をうごかします。

教えるときのポイント

前の問題と比べると、動く条件が違うことに注意が必要です。移動した先の床の色によって行動が変わるので、どこに動くか１つずつ確認して進めてください。

?もんだい

サクラも、ももたろうと同《おな》じトレーニングをします。ただし、ゆかの色《いろ》がねずみ色《いろ》のマスに行《い》ったら、すぐにうしろに1マス下《さ》がります。さいご、ハナコは何番《なんばん》のマスにいるでしょうか。

サクラのうごき

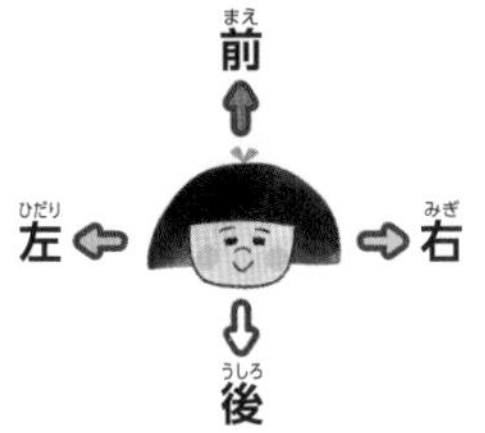

赤《あか》 前《まえ》に1マスうごく
青《あお》 左《ひだり》に1マスうごく
緑《みどり》 右《みぎ》に1マスうごく
黄《き》 しゃがむ

＜オニガワラ先生《せんせい》がもっているボールの色《いろ》＞

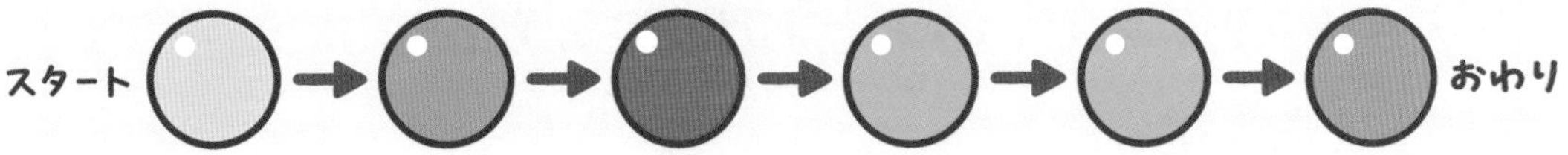

1	2	3	4	5
6	7	8	9	10
11	12		14	15
16	17	18	19	20
21	22	23	24	25

こたえ

第《だい》 4 章《しょう》

「ももたろう、ぼうけんへ！」

道場《どうじょう》できたえられたももたろうとサクラは、
ももたろうの家《いえ》に帰《かえ》りました。
2人《ふたり》が帰《かえ》ると、おじいさんとおばあさんがかけよってきて、
なき出《だ》しました。
「わるいやつらがとつぜん来《き》て、村中《むらじゅう》のはたけをあらして、
やさいやくだものをとっていってしまったんじゃ……」

ここでわかること

プログラミングの考《かんが》え方《かた》 4 デバッグ

デバッグとは、**まちがいをさがして直《なお》すこと**です。
プログラムを書《か》いていると、うまくうごかないことがよくおきます。
プログラミングでは、**どこがまちがっていて、どう直《なお》せばいいかを考《かんが》えること**がとても大事《だいじ》です。

おうちの方へ

プログラムは、複雑になればなるほど、ミス・抜け漏れが出てくる可能性が増えます。
デバッグというのは、こういうミス・抜け漏れを発見して、修正してバグが起こらないようにすることです。
デバッグを何度もすることで、「検証グセ」がつくので、前にやったミスをしないようになったり、自分がやろうとすることを先にシミュレーションしてミスを防げるようになったりします。

19

月《がつ》　日《にち》

ももたろうとサクラは、あらされたはたけを、かたづけはじめました。はたけにあった、おきものがたおされて、バラバラになっています。

教えるときのポイント

プログラミングのデバッグも、この問題と同じように、組み立てた順番に何が実行されたかを１つずつ見て、間違いを探します。

?もんだい

おきものを正《ただ》しい形《かたち》にもどしましょう。
サクラがつぎの順番《じゅんばん》で組《く》み立《た》ててみましたが、ア ～ エ のどこかでまちがえてしまったようです。
さて、どこをまちがえたのでしょうか。

＜サクラが組《く》み立《た》てた順番《じゅんばん》＞

ア **青《あお》い四角《しかく》の石《いし》**をおく

↓

イ **黄色《きいろ》い石《いし》**をおく

↓

ウ **三角《さんかく》のみどりの石《いし》**をおく

↓

エ **赤《あか》い丸《まる》い石《いし》**をおく

＜正《ただ》しい形《かたち》＞

こたえ [　] と [　]

デバッグ

20

月《がつ》　日《にち》

はたけのまわりにおいてあった岩《いわ》も、
バラバラになっていました。
ももたろうとサクラは、岩《いわ》をもとの順番《じゅんばん》にならべます。

教えるときのポイント

左と右ではスタートの岩が違うので、まずは左側の並び方を見て、岩の並べ方のパターンを読み取ることから始めましょう。

?もんだい

左《ひだり》がわの岩《いわ》と、右《みぎ》がわのいくつかの岩《いわ》は正《ただ》しいならび方《かた》になっています。
岩《いわ》はならべる順番《じゅんばん》にきまりがあるので、左《ひだり》がわの岩《いわ》を見《み》ながら、右《みぎ》がわの ア ～ カ の岩《いわ》のならび順《じゅん》の、どこがまちがっているか、しらべましょう。

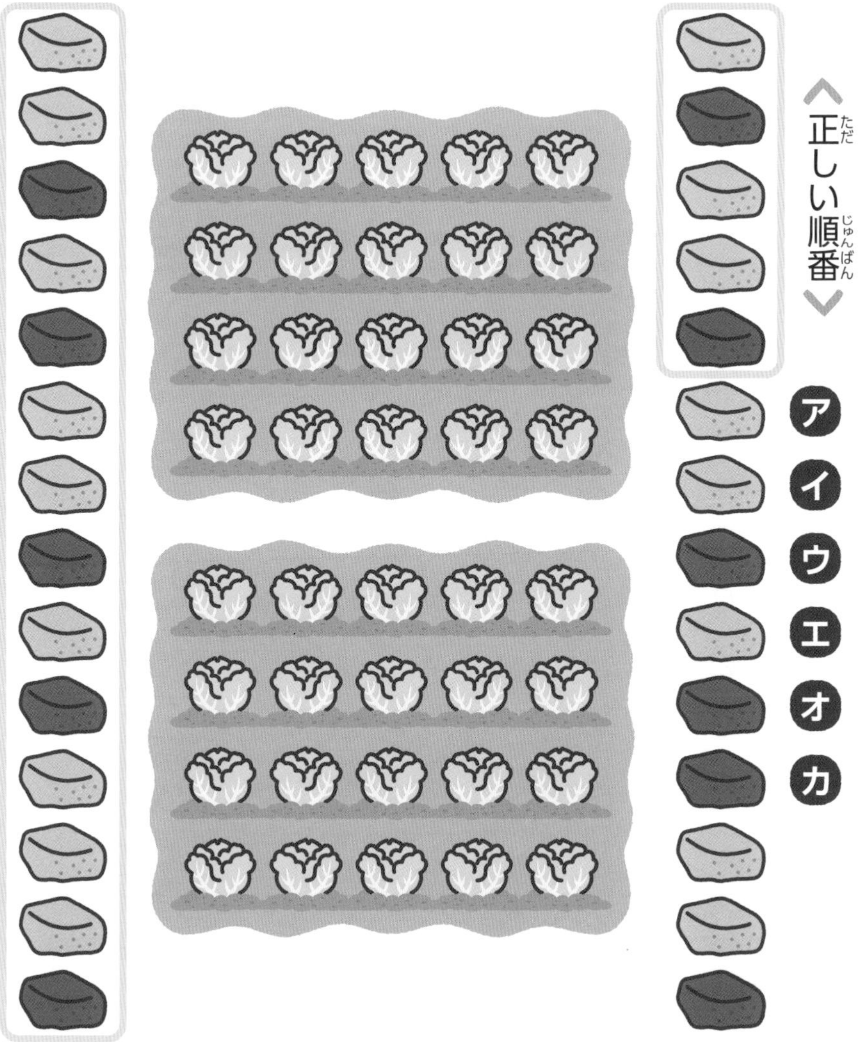

こたえ

デバッグ

21

月《がつ》　日《にち》

ももたろうは、はたけのとなりにある池《いけ》で、
光《ひか》るものを見《み》つけました。
おじいさんが池《いけ》の中《なか》をのぞきこむと、
「これは、はたけをあらしたやつらが、
首《くび》から下《さ》げていたメダルじゃ！」といいました。

教えるときのポイント

ア ～ キ の通りに図に線を書いていくと、答えがわかります。上から順番になぞって見ていくのが、デバッグの基本です。普段の生活でも、何か失敗してしまったときに、何が原因だったか考えて次に改善していくことも、デバッグの１つと言えるでしょう。

\イマココ/

もんだい

ももたろうは、岩《いわ》の上《うえ》をとびうつりながら、メダルがおちているところまで行《い》こうとしました。ところが、とちゅうで池《いけ》におちてしまいました。
どこでまちがわなければ、メダルまでたどりつけたでしょうか。

＜ももたろうのうごき＞

ア 前《まえ》へすすむ
↓
イ 左《ひだり》へすすむ
↓
ウ 前《まえ》へすすむ
↓
エ 左《ひだり》へすすむ
↓
オ 前《まえ》へすすむ
↓
カ 右《みぎ》へすすむ
↓
キ 前《まえ》へすすむ

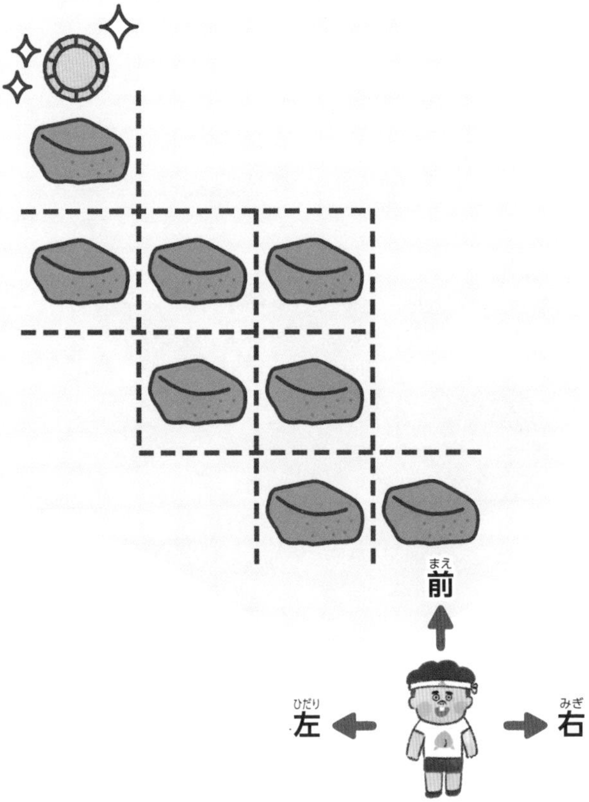

こたえ ［　　］

デバッグ

22

月《がつ》　日《にち》

なんとかメダルを池《いけ》からとりだした、ももたろう。
ももたろうとサクラは、わるいやつらをたいじするために、
たびに出《で》ることにしました。
メダルのもちぬしをしらべるため、
図書館《としょかん》にむかっていると、大《おお》きな川《かわ》が見《み》えてきました。

教えるときのポイント

1つ前の問題と同様に、上から順番にチェックしていきます。枠の中の行動を、何回か繰り返すところがポイントです。

?もんだい

大《おお》きな川《かわ》ですが、ところどころにある岩《いわ》にとびうつっていけば、わたれそうです。2人《ふたり》はつぎの通《とお》りわたってみましたが、まちがえて川《かわ》におちてしまいました。
どこがまちがっているのでしょうか。

＜2人《ふたり》のうごき＞

ア 前《まえ》へすすむ

↓

2回《かい》くりかえす

イ 左《ひだり》へすすむ

↓

2回《かい》くりかえす

ウ 前《まえ》へすすむ

↓

2回《かい》くりかえす

エ 左《ひだり》へすすむ

こたえ

デバッグ

23

月《がつ》　日《にち》

川《かわ》をわたって、ずーっと歩《ある》いて行《い》くと、
森《もり》が見《み》えてきました。図書館《としょかん》はこの森《もり》の先《さき》にあります。

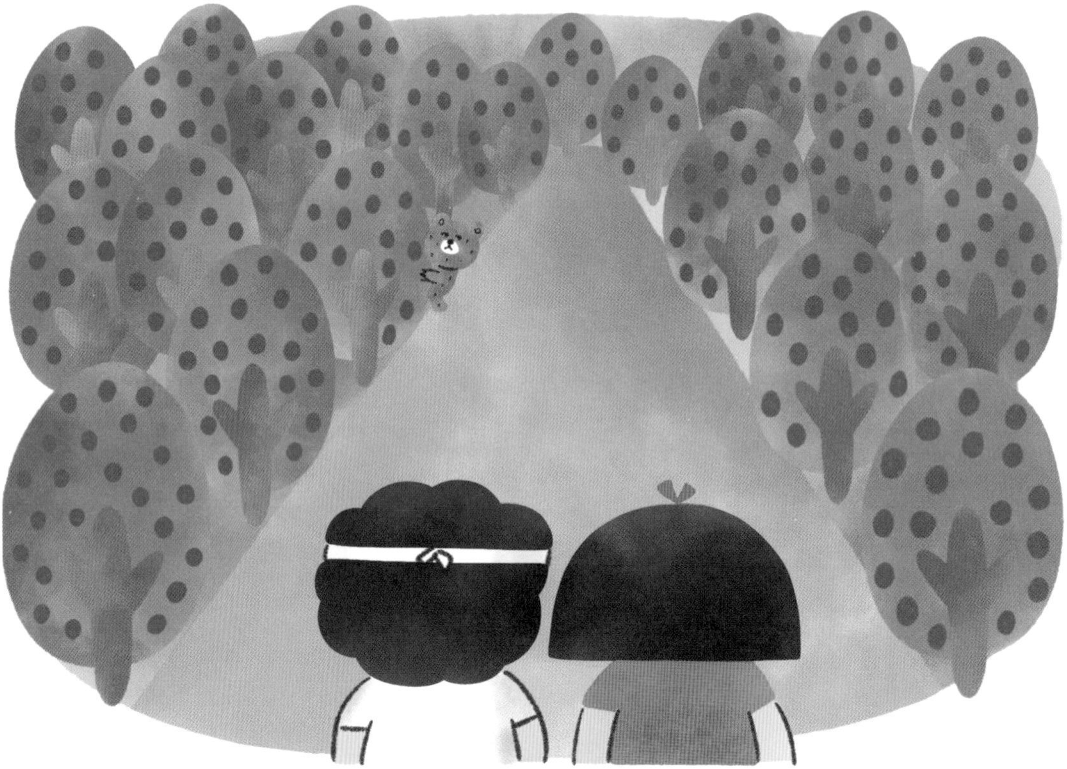

教えるときのポイント

ももたろうが道の分岐点に来たときの行動を、１つひとつチェックしていきましょう。
正しいか間違っているかわからないときは、ア ～ エ のルールを確認しましょう。

イマココ

？もんだい

2人《ふたり》はつぎのルールで、森《もり》の中《なか》の道《みち》をすすみましたが、まよってしまいました。
ア ～ エ のうち、どれがまちがっていたのでしょうか。

ルール

- ア モモがあったらひろってもどる
- イ クマに会《あ》ったらまっすぐすすむ
- ウ 「この先《さき》キケン」と書《か》いてあったら左《ひだり》に行《い》く
- エ 岩《いわ》があったら右《みぎ》へ行《い》く

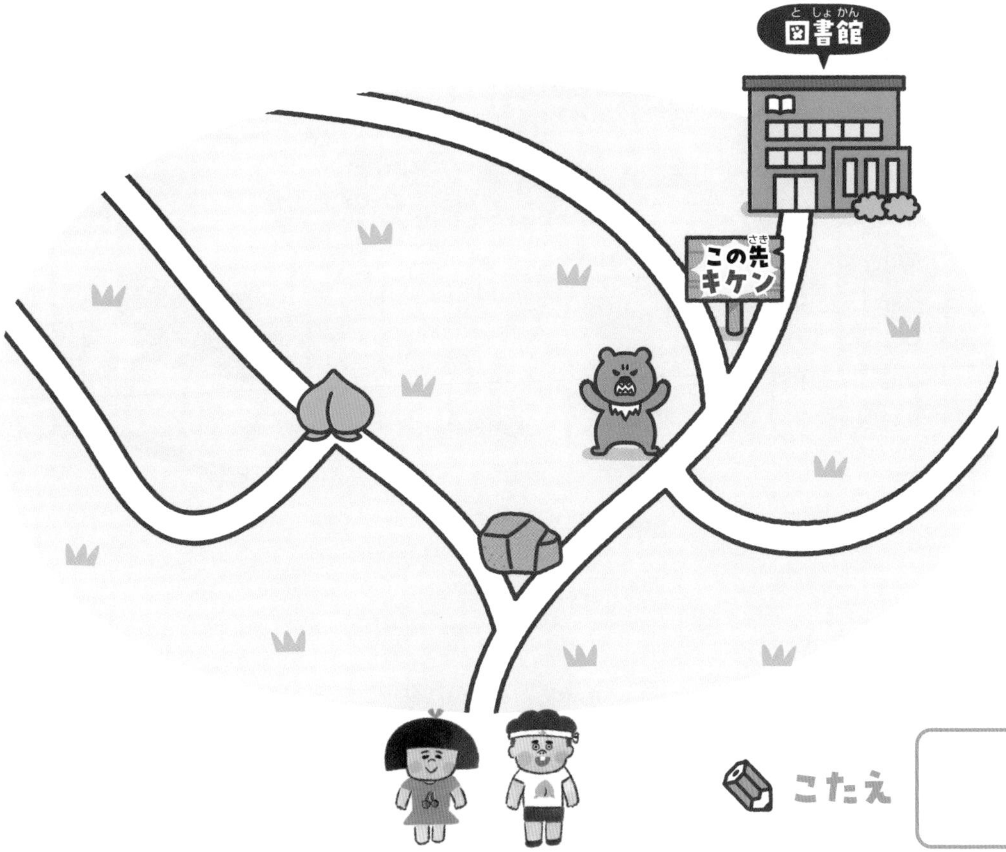

こたえ

デバッグ

24

月《がつ》　日《にち》

やっと図書館《としょかん》についた2人《ふたり》。
メダルについて書《か》いてある本《ほん》を、さがしはじめました。

教えるときのポイント

ぱっと見て見当がつかないときは、地道にすべてのパターンをチェックするというのが、デバッグの基本です。ア ～ エ の1つずつについて、間違っていると仮定して進めていくと、青い●へたどり着くルートが見つかります。たとえば、ア が間違っているとすると（「いいえ」へ進む）、最終的に一番左の列のピンクの●へ着きます。

？もんだい

メダルについて書《か》かれた本《ほん》は、青《あお》い本《ほん》だなにあります。青《あお》い●のところまで行《い》けば、青《あお》い本《ほん》だなの本《ほん》が読《よ》めます。
2人《ふたり》はつぎのような順番《じゅんばん》・きまりでさがしましたが、まちがった本《ほん》を手《て》にとってしまいました。ア ～ エ のうち、1カ所《かしょ》だけまちがっているのはどれでしょうか。

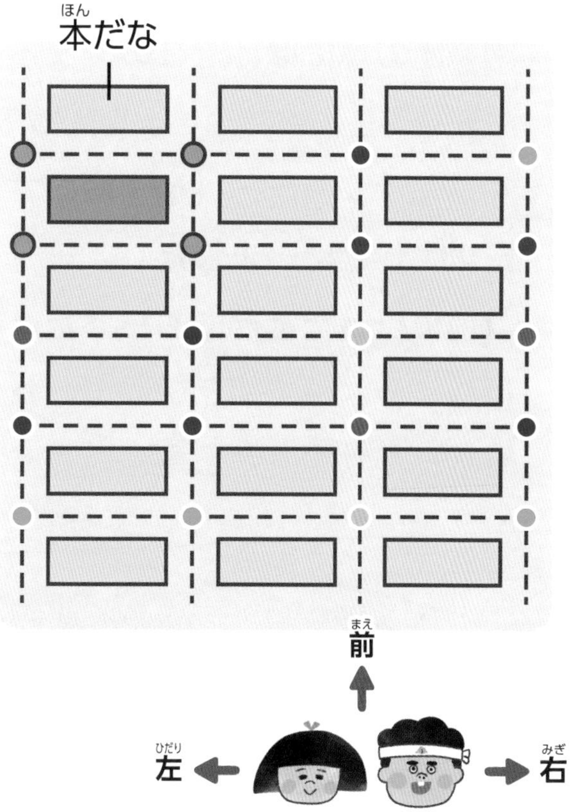

こたえ

第《だい》 5 章《しょう》

「ももたろう、竜宮城《りゅうぐうじょう》へ！」

図書館《としょかん》の本《ほん》には、「このメダルをもつのはワルワル団《だん》。竜宮城《りゅうぐうじょう》の住人《じゅうにん》がいばしょを知《し》っている」と書《か》いてありました。するとサクラが、「竜宮城《りゅうぐうじょう》のオトちゃんなら、おともだちだよ！」といいました。

「前《まえ》に行《い》ったときにもらった『竜宮城《りゅうぐうじょう》ガイド』で行《い》ってみよう！」といって、サクラはカメの形《かたち》をしたリュックサックから竜宮城《りゅうぐうじょう》ガイドをとりだしました。

ここでわかること

プログラミングの考《かんが》え方《かた》 5　あんごう

あんごうとは、ほかの人《ひと》に知《し》られたくないことを、記号《きごう》や数字《すうじ》・文字《もじ》におきかえて、わからないようにしたものです。

れい あいうえお → 1 2 3 4 5

上《うえ》のれいだと「あいうえお」を「あいうえお順《じゅん》で何番目《なんばんめ》か」という数字《すうじ》でおきかえています。この1 2 3 4 5も、あんごうとしてつかえます。

おうちの方へ

電子決済や電子マネー、インターネットなどで入力するパスワードをはじめ、暗号はこのIT社会のあらゆるところで使われています。
情報を暗号化することの重要性、世の中のあらゆる場所でそういった技術が使われているということを、普段の買い物やインターネットを見るときなどにお子さんに伝えてあげてください。

あんごう

25

月《がつ》　日《にち》

2人《ふたり》は竜宮城《りゅうぐうじょう》ガイドの1ページ目《め》、
「竜宮城《りゅうぐうじょう》のある場所《ばしょ》」をひらきました。
でも、そこには1と0しか書《か》いてありません。
「これじゃ、さっぱりわからないよ！」
「竜宮城《りゅうぐうじょう》までどうやって行《い》くかは、ふつうに見《み》てもわからないように、『あんごう』になっているんだよ」

教えるときのポイント

一見してわからないようにすることを「暗号化」と言います。
この問題のように、暗号を解くことを、「復号する」と言います。

?もんだい

つぎのルールでぬりつぶすと、竜宮城《りゅうぐうじょう》へ行《い》くにはどこへ向《む》かえばいいのかがわかります。

ルール　・1のマスをぬりつぶす　・0のマスはそのまま

<竜宮城《りゅうぐうじょう》のある場所《ばしょ》>

0	0	1	0	0	0	1	1	1	0
0	1	1	1	0	0	0	0	0	0
0	1	0	1	0	0	1	1	1	0
0	0	0	1	0	0	0	0	0	0
0	0	1	0	0	0	1	1	1	0

ヒント

カタカナが見《み》えてくるよ！

こたえ

あんごう

26

月《がつ》　日《にち》

「『ウミ』に行《い》けばいいんだ！」と、
2人《ふたり》は大《おお》きな声《こえ》でいいました。
2人《ふたり》が海《うみ》につくと、なぜかはまべに電話《でんわ》ボックスが。
竜宮城《りゅうぐうじょう》ガイドの2ページ目《め》をひらくと、
あんごうになった電話番号《でんわばんごう》が書《か》かれていました。

教えるときのポイント

マスの番号がどの条件に当てはまるかを、1つずつ見ていきます。こういった数字遊びでも暗号化と復号ができるので、親子で暗号化あそびをするのもおすすめです。

?もんだい

つぎのルールで、数字《すうじ》のマスをすすみましょう。止《と》まったマスの番号《ばんごう》をつなげると、電話番号《でんわばんごう》になります。

ルール

- 数字《すうじ》が3より小《ちい》さいときは、右《みぎ》にすすむ
- 数字《すうじ》が3以上《いじょう》のときは、下《した》にすすむ
- 黄色《きいろ》いマスで6より大《おお》きいときは、1つマスをとばして下《した》にすすむ
- 黄色《きいろ》いマスで4か5のときは、1つマスをとばして右《みぎ》にすすむ
- 数字《すうじ》が何《なに》もないマスに止《と》まったら、おわり

※「3より大《おお》きい」「3より小《ちい》さい」→ **3は入《はい》らない**
※「3以上《いじょう》」「3以下《いか》」→ **3も入《はい》る**

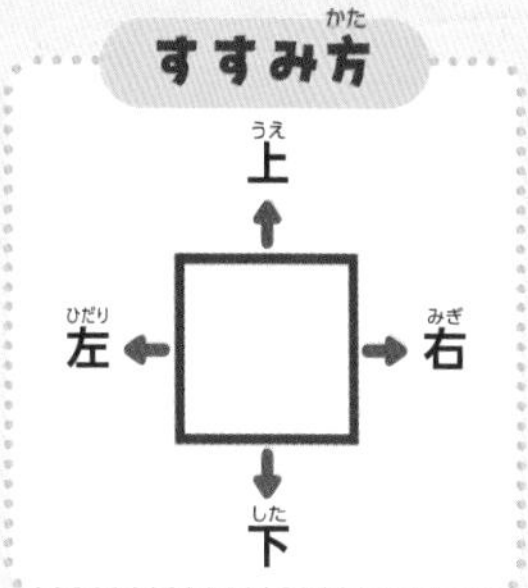

スタート →

1	2	3	4	5
	7	8	9	
9		7		5
	1	4	7	
2	3	9	1	8

こたえ

1 → 2 → □ → □ → □

あんごう

月《がつ》　日《にち》

27

ももたろうがさっそく電話《でんわ》をかけようとすると、
サクラが「まって！」といいました。
「ウミウミ語《ご》が話《はな》せないと、つうじないんだよ。
ウミウミ語《ご》が話《はな》せるようになるじゅもんも、
竜宮城《りゅうぐうじょう》ガイドに書《か》いてあるはず！」

教えるときのポイント

マスの色によって、進む条件が変わります。止まるたびにルールを確認して、言葉を埋めていきましょう。

？もんだい

一番上《いちばんうえ》の青《あお》の「ウ」から、ルールの通《とお》りに、右回《みぎまわ》りにすすめていきます。止《と》まったマスの言葉《ことば》をつなげて、じゅもんを作《つく》りましょう。

ルール

- 青《あお》は２つすすむ
- オレンジは１つもどる
- 白《しろ》は１つすすむ
- みどりはこれまでの言葉《ことば》をもう一度《いちど》いって、１マスすすむ
- ピンクは10マスすすむ
- ムラサキは、つぎの黄色《きいろ》まですすむ
- 黄色《きいろ》にすすんだら、おわり

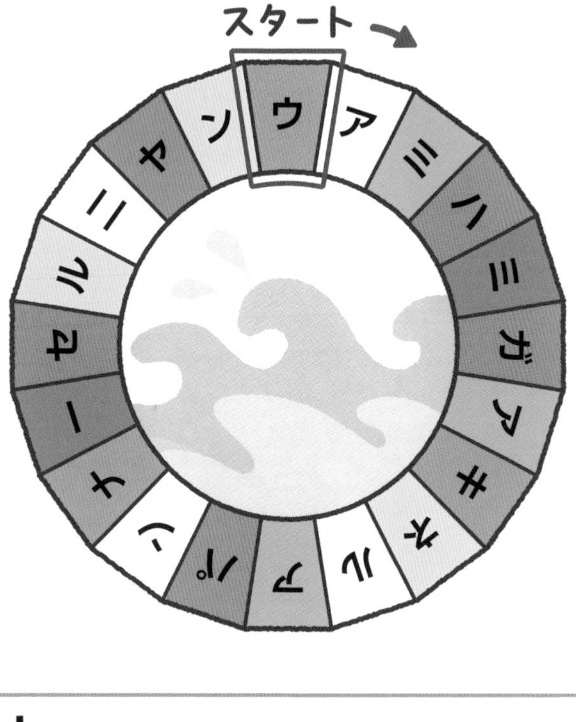

こたえ　ウ

あんごう

28

月《がつ》　日《にち》

ウミウミ語《ご》が話《はな》せるようになったももたろうは、
電話《でんわ》をかけました。
「はいは〜い、こちら竜宮《りゅうぐう》タクシーです」
「あの一竜宮城《りゅうぐうじょう》に行《い》きたいんですけど」
「合言葉《あいことば》は？」

2人《ふたり》は、竜宮城《りゅうぐうじょう》ガイドで、「合言葉《あいことば》」をかくにんしました。

教えるときのポイント

「戻る」という動きが出てきます。基本的には右へ進むルールですが、マスの色によっては左に戻るところがポイントです。
暗号を解読するルールが変わることで、同じ問題でも別の答えになります。プログラミングの世界でも、暗号化の方法はとてもたくさんあります。

？もんだい

マスの中《なか》の数《かず》だけ、右《みぎ》へすすみます。
マスの色《いろ》が赤《あか》のときは、マスの中《なか》の数《かず》だけ、左《ひだり》へもどります。黄《き》色《いろ》いマスに止《と》まったら、おわりです。
止《と》まったマスの数《すう》字《じ》をすべてならべると、合《あい》言《こと》葉《ば》になります。

スタート

→

9	1	9	2	9	5	3	4	7	2

ヒント

マス目《め》にゆびをおいて、おちついてかぞえてみよう！

こたえ

9 → □ → □ → □ → □ → □

あんごう

29

月《がつ》　日《にち》

合言葉《あいことば》でやってきた竜宮《りゅうぐう》タクシーにのって、
竜宮城《りゅうぐうじょう》までむかいます。
タクシーがおよぎ出《だ》してしばらくすると、
とつぜん、目《め》の前《まえ》にイカ大王《だいおう》が！
タクシーを長《なが》い足《あし》でぐるぐるまきにしてしまいました。

「そうだ、イカ大王《だいおう》にはイカイカ語《ご》で『こんにちは』と
あいさつをしないとダメなんだった！」

教えるときのポイント

まずは例を見て、変換するときのルールを確認しましょう。こういった変換表があれば、表を持っている人だけが、暗号を解くことができます。
実際の暗号化・復号の技術でも、鍵（今回なら変換表）を持っている人だけが解ける仕組みが使われています。

?もんだい

イカ大《だい》王《おう》はイカイカ語《ご》しかわかりません。ガイドブックにある表《ひょう》を見《み》ながら、「こんにちは」をイカイカ語《ご》にかえて、イカ大《だい》王《おう》にあいさつしましょう。

＜イカイカ語《ご》へんかん表《ひょう》＞

② ＼ ①	ア	イ	ウ	エ	オ
カ	あ	い	う	え	お
キ	か	き	く	け	こ
ク	さ	し	す	せ	そ
ケ	た	ち	つ	て	と
コ	な	に	ぬ	ね	の
サ	は	ひ	ふ	へ	ほ
シ	ま	み	む	め	も
ス	や		ゆ		よ
セ	わ		ん		を

たとえば…

「あ」をイカイカ語《ご》にすると **「アカ」**、「へ」は **「エサ」** になります。
①→② ①→②

こたえ

あんごう

30

月《がつ》　日《にち》

イカ大王《だいおう》からかいほうされて、やっと竜宮城《りゅうぐうじょう》につきましたが、入《い》り口《ぐち》の門《もん》はとじています。
門《もん》には１から10のボタンがあって、竜宮城《りゅうぐうじょう》ガイドには、「門《もん》を開《あ》けるには、ボタンを１回《かい》だけおすこと」とあります。
ふと足元《あしもと》を見《み》ると、カメがうごきながら数字《すうじ》を教《おし》えてくれています。

教えるときのポイント

「○をむく」という動きは、その方向を向くだけで、進むわけではないので、今までの問題の動きと少し違います。間違えないように気をつけてください。

？もんだい

カメが１マスずつ、つぎのようにうごきました。カメがうごいた場所《ばしょ》をぬりつぶして、何番《なんばん》のボタンをおせばいいか、こたえましょう。

＜カメのうごき＞

左《ひだり》をむく
↓
前《まえ》へすすむ
↓
前《まえ》へすすむ
↓
右《みぎ》をむく
↓
前《まえ》へすすむ
↓
前《まえ》へすすむ
↓
右《みぎ》をむく
↓
前《まえ》へすすむ
→
前《まえ》へすすむ
↓
左《ひだり》をむく
↓
前《まえ》へすすむ
↓
前《まえ》へすすむ
↓
左《ひだり》をむく
↓
前《まえ》へすすむ
↓
前《まえ》へすすむ

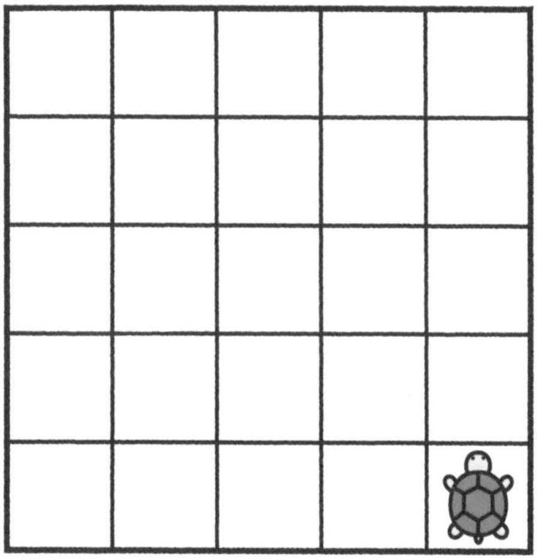

こたえ

第《だい》6章《しょう》

「ももたろう、オニたいじへ？」

竜宮城《りゅうぐうじょう》に入《はい》った2人《ふたり》がしばらく歩《ある》いていると、乙姫《おとひめ》がいました。

「あら、サクちゃんひさしぶり」

「オトちゃん、このメダルをもっている人《ひと》をさがしているんだけど、知《し》ってる？」

「メダルをもっている人《ひと》たちはたくさんいるけど、今日《きょう》も竜宮城《りゅうぐうじょう》にとまりに来《き》ているオニの大将《たいしょう》さんも、同《おな》じものをもっていたと思《おも》うわ」

ここでわかること

プログラミングの考《かんが》え方《かた》 6　アルゴリズム

アルゴリズムとは、何《なに》かをするときのやり方《かた》・手順《てじゅん》のことです。かたづけや料理《りょうり》にも、いろいろな手順《てじゅん》がありますが、それもアルゴリズムです。プログラミングするときは、作《つく》りたいものをどうやって作《つく》るといいのか、つまりアルゴリズムを考《かんが》えて書《か》いています。
はやく、まちがいなくできるのが一番《いちばん》いいアルゴリズムです。

おうちの方へ

プログラミングスキルが高い人ほど、正しく無駄のない効率的な、プログラムの実行速度が速いアルゴリズムでプログラムを書くことができます。
プログラミングをすることで、常にアルゴリズムを考える力が養われます。これはプログラミングの世界だけでなく、普段の生活で物事を進めるときの「段取り力」につながります。

アルゴリズム

月《がつ》　日《にち》

31

「よし、オニがとまっているところへ行《い》こう！」と、ももたろう。
でも、竜宮城《りゅうぐうじょう》にはたくさんのへやがあるので、オニがどのへやにいるのか、わかりません。

教えるときのポイント

最短ルートとは、「同じ道を繰り返し通らないルート」です。アルゴリズムを考えることは、「どうやると最短で効率よくできるか」ということにもつながります。

?もんだい

オニのいるへやをさがしましょう。すべてのへやを一番《いちばん》はやくまわるには、ア ～ キ をどの順番《じゅんばん》ですすむとよいでしょうか。

こたえ

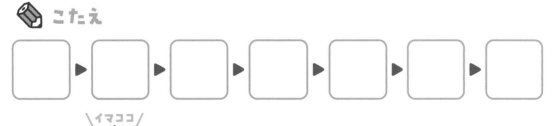

アルゴリズム

32

月《がつ》　日《にち》

オニのいるへやを発見《はっけん》！
へやはとても大《おお》きく、オニたちがおおぜいで
ごはんを食《た》べています。
「オニの大将《たいしょう》はどこだ～！」と、
2人《ふたり》はめいろのようなへやを、すすみます。

教えるときのポイント

どのルートでどの手順で進むのが一番早いかを考える問題です。
ぱっと見てわからない問題のときは、「すべてのパターンをたどってみて検証する」ということも大事です。プログラミングでも、「すべての可能性を考えた上でベストな解を見つける」という考え方をします。

？もんだい

オニの大将《たいしょう》は、一番《いちばん》おくのエリアにいます。そこまで、オニの子分《こぶん》にであわずに行《い》くには、どうやってすすめば、一番《いちばん》はやくつくでしょうか。

青《あお》のトビラと赤《あか》のトビラは、それぞれ同《おな》じ色《いろ》のカギがあれば、あけることができます。カギの場所《ばしょ》を通《とお》って、カギを手《て》に入《い》れてから、すすみましょう。

こたえ

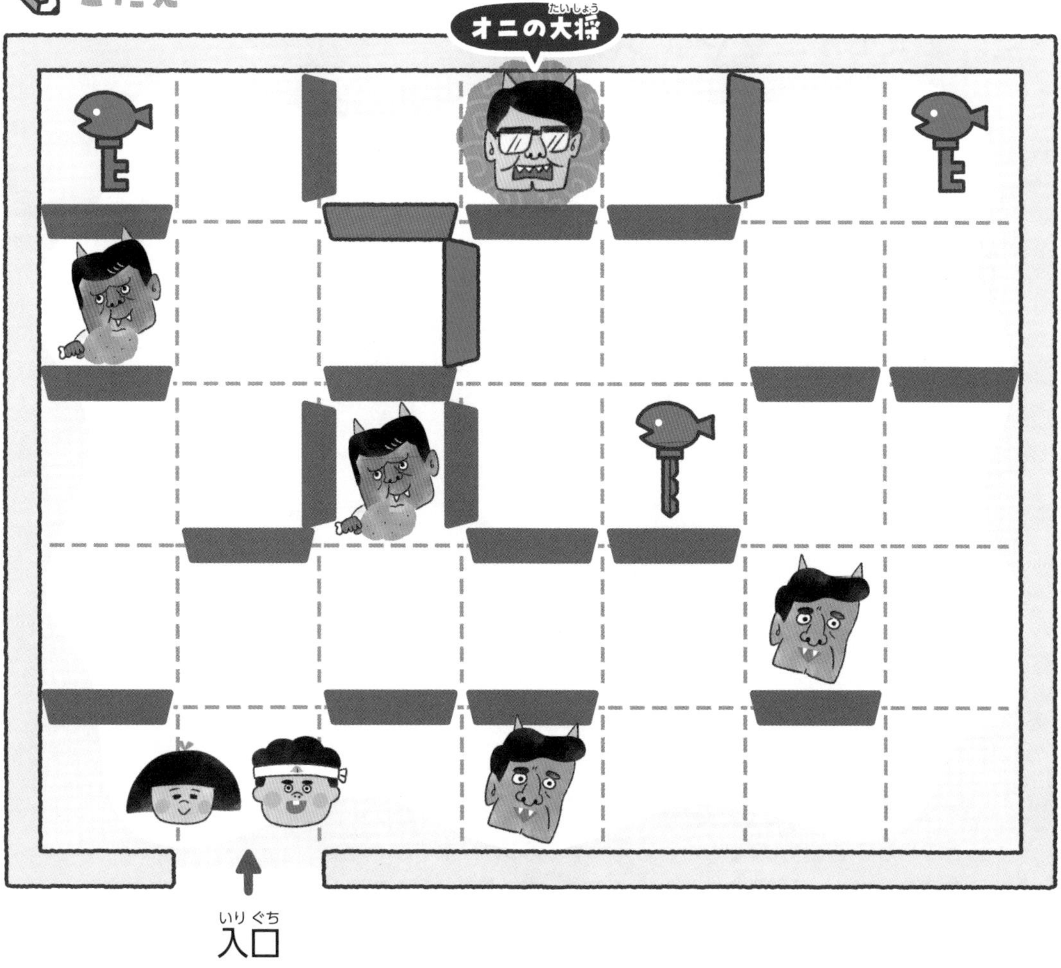

＼イマココ／

アルゴリズム

月《がつ》　日《にち》

33

オニの大将《たいしょう》のところへたどりついた2人《ふたり》。

「だれだ！お前《まえ》たちは！」と、おどろくオニの大将《たいしょう》の首《くび》には、メダルがかかっています。

「ぼくは、モモから生《う》まれた、ももたろう！」「わたしは、サクラ！」といって、ももたろうとサクラは剣《けん》をかまえました。2人《ふたり》でオニをやっつけよう！

教えるときのポイント

いろいろな条件を考えて、優先順位をつける問題です。「どうすると鬼が倒れるのか」というところから逆に考えていくと、答えが早く見つかります。
優先順位をつけて段取りをするというのは、プログラミングでは必須ですが、仕事でも家事でもとても大事ですよね。

？もんだい

オニの大将《たいしょう》のうごき、弱《よわ》いところはつぎの通《とお》りです。
どの順番《じゅんばん》でこうげきすれば、たおせるでしょうか。

オニのうごき、弱《よわ》いところ

うごき

- 足《あし》がはやいので、ふつうに剣《けん》をあてようとしても、あたらない
- 金棒《かなぼう》をもっているときは、左手《ひだりて》をこうげきしようとしても、あたらない

弱《よわ》いところ

- 右手《みぎて》をこうげきすると、金棒《かなぼう》をもてなくなる
- 左手《ひだりて》をこうげきすると、ツノをかくせなくなる
- ツノに剣《けん》をあてると、オニはたおれる
- 右足《みぎあし》、左足《ひだりあし》の順番《じゅんばん》でこうげきすると、足《あし》がおそくなって、剣《けん》があたるようになる

こうげきする場所《ばしょ》は、右《みぎ》からえらびましょう

ツノ　右手《みぎて》　左手《ひだりて》　右足《みぎあし》　左足《ひだりあし》

こたえ

→　→　→　→

アルゴリズム

34

月《がつ》　日《にち》

「まいった、まいった！
じつはこのメダルは、妖怪城《ようかいじょう》にすむ妖怪《ようかい》たちのものなんだ。
オニのおめんをして村《むら》をあらしまわっていて、ワシらも妖怪《ようかい》をたいじしたいんだ。

妖怪《ようかい》をたおすには、ロボット工場《こうじょう》で売《う》っているロボットがひつようだ。お金《かね》はこの先《さき》のどうくつに、かくしてある」

教えるときのポイント

目の前の問題（壁）を解決するために、何をすればいいのかを考える問題です。
ときには、道を開けるために動かした壁を、元の位置に戻すという発想が必要になります。
パズルゲームの中にはこういった発想を鍛えるものがあるので、お子さんの段取り力をつけるのにおすすめです。

？もんだい

どうくつの中《なか》は、いくつものうごくカベが道《みち》をふさいでいます。オニの大将《たいしょう》からもらったリモコンをつかってカベをうごかして、お金《かね》のところに行《い》きましょう。

ルール

- 赤《あか》いカベは左右《さゆう》、青《あお》いカベは上下《じょうげ》にしかうごかせない。
- 黄色《きいろ》いカベは上下左《じょうげさ》右《ゆう》にうごかせる。
- ねずみ色《いろ》のところはうごかせないし、通《とお》れない。

うごかす方向《ほうこう》

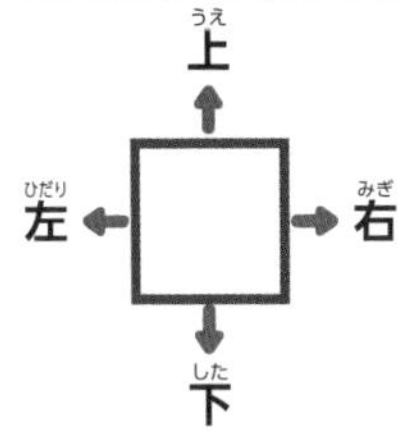

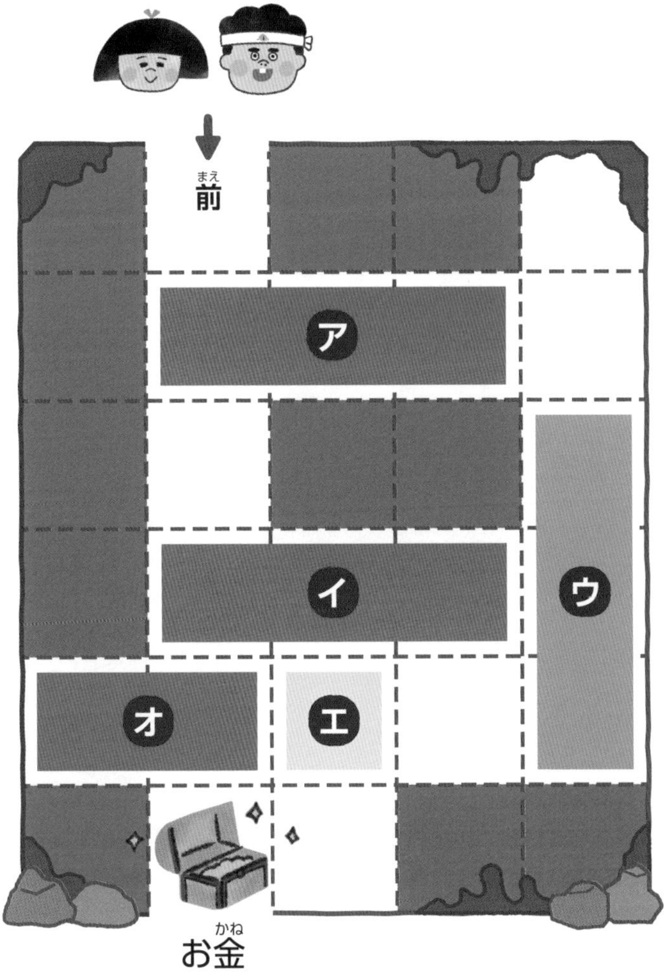

こたえ

□ を１つ □ へうごかす

▼

２人《ふたり》は前《まえ》に３つすすむ

▼

□ を１つ □ へうごかす

▼

□ を２つ □ へうごかす

▼

□ を１つ □ へうごかす

▼

２人《ふたり》は前《まえ》に１つすすむ

▼

□ を１つ □ へうごかす

▼

□ を２つ □ へうごかす

▼

２人《ふたり》は前《まえ》に２つすすむ

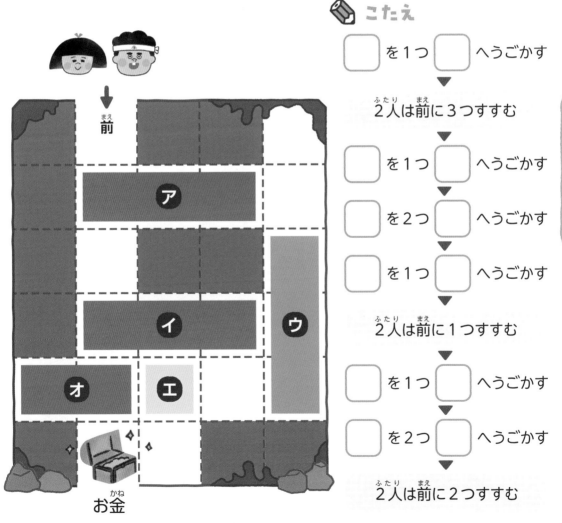

アルゴリズム

35

月《がつ》　日《にち》

お金《かね》を見《み》つけた2人《ふたり》は、ロボット工場《こうじょう》へむかうことにしました。
「工場《こうじょう》まで歩《ある》いて行《い》けるかなぁ」とサクラがいうと、
「竜宮城駅《りゅうぐうじょうえき》から出《で》ている電車《でんしゃ》で行《い》けば、すぐつくぞ！」と、
オニの大将《たいしょう》が竜宮《りゅうぐう》トレインを教《おし》えてくれました。

教えるときのポイント

1つの枠を使うI型の線路よりも、2つの枠を使うX型の線路のほうが、置ける場所に制限があります。そこで、X型の線路の場所をまず考えましょう。どこから考えるべきかを検討するのも、アルゴリズムを考えるときに役立ちます。

？もんだい

ももたろうとサクラはロボット工場《こうじょう》へ行《い》き、オニの大将《たいしょう》は病院《びょういん》へ行《い》きます。
竜宮《りゅうぐう》トレインの線路《せんろ》はどのようにつながればいいでしょうか。
図《ず》のあいているところに、線路《せんろ》のブロックをはめましょう。

＜線路《せんろ》のブロック＞

こたえ

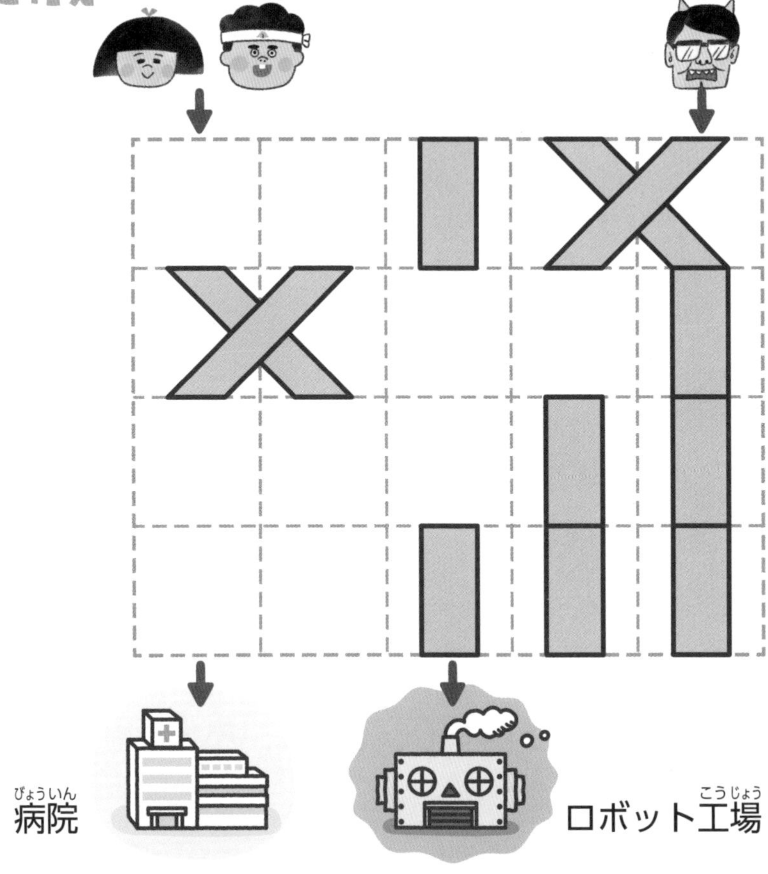

アルゴリズム

36

月《がつ》　日《にち》

ももたろうとサクラは、ロボット工場《こうじょう》でロボットを買《か》いました。ロボットはいくつもならんでいて、2人《ふたり》が買《か》ったオニジンガーZは一番《いちばん》おくにあります。オニジンガーZを外《そと》に出《だ》すために、出口《でぐち》まではこび出《だ》さなくてはなりません。

教えるときのポイント

この問題も、ロボットを動かす回数が一番少ない答えを考えるようにしてください。まず動かせるものから考えると、答えが見えてきます。

? もんだい

ロボットは１つずつ、あいている場所《ばしょ》にうごかせます。ただし、１回《かい》で右《みぎ》または左《ひだり》に２つまでしかうごかせません。
オニジンガーZを出口《でぐち》にもってくるには、ロボットをどの順番《じゅんばん》で、ア ～ オ のどこへうごかせばよいでしょうか。

れい

ア → ウ は
うごかせるけど、

ア → エ は
うごかせない。

こたえ

を	におく

↓

を	におく

↓

を	におく

↓

オニジンガーZを出口《でぐち》におく

第《だい》7章《しょう》

「ももたろう、妖《よう》怪《かい》城《じょう》へ！」

オニジンガーZにのりこんだ2人《ふたり》は、ロボットのうごかし方《かた》を、動《どう》画《が》で勉《べん》強《きょう》しました。「よーし、出《しゅっ》発《ぱつ》だ！」

コントローラー
十字《じゅうじ》ボタンでの、
オニジンガーZのうごき方《かた》

ここでわかること

プログラミングの考《かんが》え方《かた》 7　へんすう・かんすう

へんすうとは、**文《も》字《じ》や数《すう》字《じ》などのデータをおぼえておくハコのようなもの**。ゲームでいえば、プレイヤーの体《たい》力《りょく》などは「へんすう」というハコに入れて、ゲームの中《なか》でいつでも表《ひょう》示《じ》したり、かえられるようにします。
「かんすう」とは、**いろいろなめいれいを1つにまとめておき、何《なん》回《かい》もつかえるようにするもの**です。

おうちの方へ

プログラムは、今までの章の考え方と、変数・関数などを組み合わせてできています。関数は1つの機能を作るようなもので、何回も使うと思う工程は、関数として1つの機能にまとめておきます。
同じことを繰り返しやっているときは、「1つにまとめる＝無駄なプログラムを書かない」という考え方が重要になります。

37

月《がつ》　日《にち》

ロボットはこうせいのうで、
パンチさせたり、ジャンプさせたりできます。
ももたろうとサクラは、コントローラーのボタンに、
ロボットのうごきを、おぼえさせることにしました。

教えるときのポイント

プログラムにおける「変数」とは、情報を保持しておくための箱のようなものです。１つの情報しか登録できないので、同じ変数に情報を再度登録すると、前の情報は消えます。
この問題は、情報をどこかに保持しておくことや、同じところに別の情報を保存しようとすると上書きされることを理解してもらう問題です。解くときは、最後からさかのぼると、すぐに解けます。

もんだい

赤《あか》・青《あお》・黄《き》・みどりの丸《まる》ボタンには、1つずつうごきをとうろくできます。うごきがとうろくされているボタンに、べつのうごきをとうろくすると、前《まえ》のうごきは消《き》えます。
2人《ふたり》はつぎの順番《じゅんばん》で、ボタンにうごきをとうろくしました。
赤《あか》・青《あお》・黄《き》・みどりの丸《まる》ボタンには、さいごには、それぞれ何《なに》がとうろくされているでしょうか。

<2人《ふたり》がとうろくした順番《じゅんばん》>

赤《あか》いボタンに「**ジャンプ**」をとうろく
▼
黄色《きいろ》いボタンに「**しゃがむ**」をとうろく
▼
青《あお》いボタンに「**ジャンプ**」をとうろく
▼
みどり色《いろ》ボタンに「**キック**」をとうろく
▼
赤《あか》いボタンに「**パンチ**」をとうろく
▼
黄色《きいろ》いボタンに「**ジャンプ**」をとうろく
▼
青《あお》いボタンに「**しゃがむ**」をとうろく

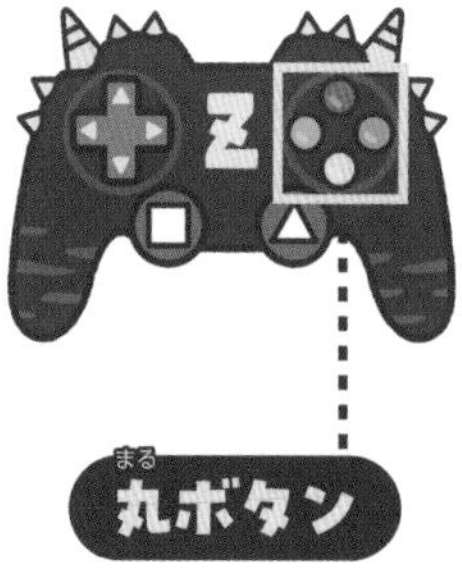

こたえ

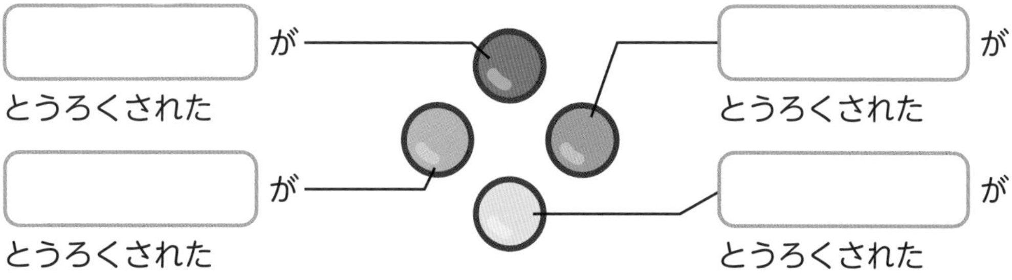

38

月《がつ》　日《にち》

妖《よう》怪《かい》城《じょう》へ行《い》くには、海《うみ》をぬけて
地《ち》上《じょう》へ行《い》かなくてはいけません。
「そういえばこのロボット、
およぐことはできないのかな？」と、サクラ。
2人《ふたり》はロボットがおよぐ方《ほう》法《ほう》をけんさくして、
見《み》つけました。

教えるときのポイント

複数の命令をひとまとめにして、いつでも同じ命令をすることができるものを「関数」といいます。この問題は、関数を作る問題です。よく使う工程はひとまとめにしておくと、次に使うときに楽なので、プログラミングでは関数をよく使います。

?もんだい

「ジャンプ ➡ キック ➡ パンチ」の順番《じゅんばん》で丸《まる》ボタンをおすと、およいで少《すこ》し上《うえ》にすすむことができます。海《うみ》の中《なか》をおよいで地《ち》上《じょう》に出《で》るためには、これを何《なん》回《かい》もおさなくてはいけません。
このロボットは、つづけておしたボタンをおぼえておくことができます。□ボタンをおしてから、つぎに□ボタンをおすまでの間《あいだ》におしたボタンは、△ボタンにとうろくできるのです。
△ボタンをおすだけで、およげるようにするには、どうすればいいでしょうか。

れい □→［●→●］→□

△をおすと、［●→●］をおしたのと同《おな》じうごきになる

＜こたえに書《か》くボタン＞

● パンチ　● キック
● ジャンプ　● しゃがむ
□ ボタン　△ ボタン

こたえ

［　　　］をおす
▼
［　　　］をおす
▼
［　　　］をおす
▼
［　　　］をおす
▼
［　　　］をおす
▼
△を何《なん》回《かい》かおして、およいで地《ち》上《じょう》へ

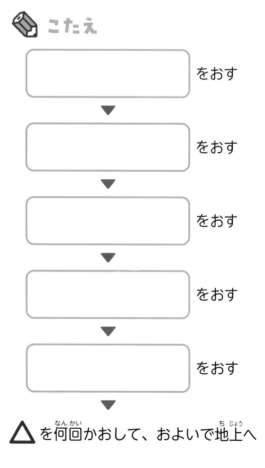

39

月《がつ》　日《にち》

地上《ちじょう》に出《で》た2人《ふたり》は、妖怪城《ようかいじょう》をめざして
ロボットで歩《ある》き出《だ》しました。
少《すこ》しすると、大《おお》きな岩《いわ》にかこまれたイヌを見《み》つけました。
「どうしたの？」
「わるい妖怪《ようかい》にとじこめられたんだ……」
「よし、たすけてあげよう！」

教えるときのポイント

△ボタンに登録する動き、つまり「何を繰り返せば、犬を助けだせるか？」を考えましょう。

？もんだい

岩《いわ》の前《まえ》でパンチをすると、その岩《いわ》はこわれます。同《おな》じことを何《なん》回《かい》かくりかえしてイヌに近《ちか》づくと、たすけられそうです。およぎ方《かた》をとうろくしたときのように、□ボタンにくりかえすうごきをとうろくして、イヌをたすけましょう。

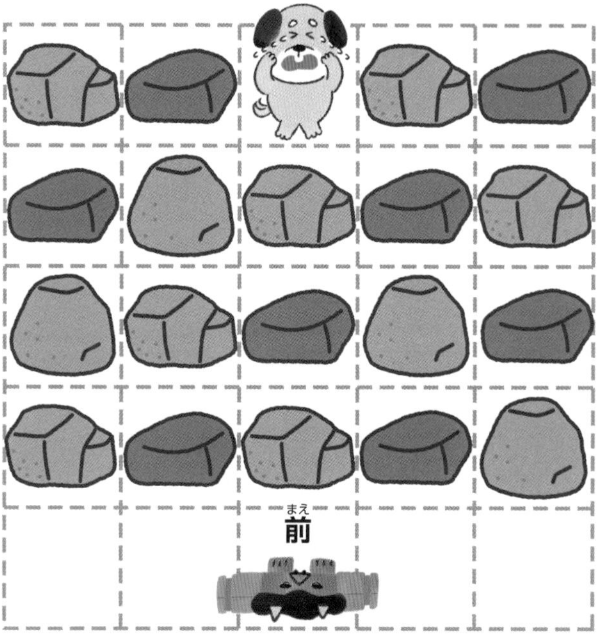

こたえ

［　　　　］をおす
▼
［　　　　］をおす
▼
［　　　　］をおす
▼
［　　　　］をおす
▼
△を3回《かい》おして、3つの岩《いわ》をこわしてイヌをたすける

＜こたえに書《か》くボタン＞

- パンチ
- キック
- ジャンプ
- しゃがむ
- □ボタン
- △ボタン
- ↑ボタン
- ↓ボタン
- ←ボタン
- →ボタン

へんすう・かんすう

40

月《がつ》　日《にち》

「ありがとう！ぼくも妖怪《ようかい》をやっつけについていくよ」
とイヌはいいました。
しばらくすすむと、「ニャー！ニャー！」という声《こえ》が
森《もり》から聞《き》こえてきました。
なんと、ネコが何本《なんぼん》もある木《き》にむすばれたヒモで
ひっぱられて、うごけないようです。

教えるときのポイント

ロボットをぐるっとひと回りさせるときの繰り返しパターンを見つけましょう。頭の中だけで考えるのが難しい場合は、まずは全部の木を倒す動作を書き出してから、どこで繰り返しが起こっているかを見つける方法も、やり方の一つです。

？もんだい

ロボットをうごかして、ネコのまわりの木《き》をパンチですべてたおしましょう。木《き》の手《て》前《まえ》でパンチをすると、前《まえ》にある木《き》がたおれます。

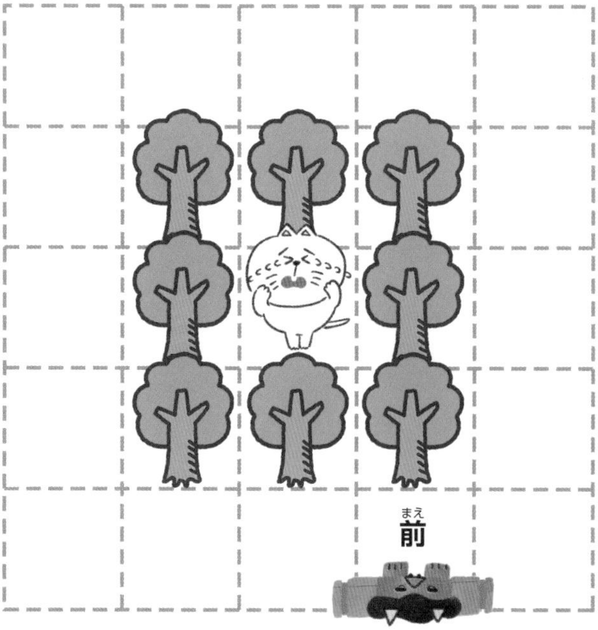

＜こたえに書《か》くボタン＞

- パンチ
- キック
- ジャンプ
- しゃがむ
- □ ボタン
- △ ボタン
- ↑ ボタン
- ↓ ボタン
- ← ボタン
- → ボタン

こたえ

パンチをおす

▼

↑ ボタンをおす

▼

□ ボタンをおす

▼

［　　　　］をおす

▼

［　　　　］をおす

▼

［　　　　］をおす

▼

［　　　　］をおす

▼

［　　　　］をおす

▼

□ ボタンをおす

▼

△を4回《かい》おして、ネコをたすける

41

月《がつ》　日《にち》

「たすけてくれてありがとう！おれいに妖怪《ようかい》たいじを手《て》つだいます」とネコはいいました。
ネコは「わたしはロボット工場《こうじょう》ではたらいていました。
ロボットをもっと強《つよ》くしてあげましょう」といって、
同《おな》じうごきをくりかえすボタンをつけてくれました。

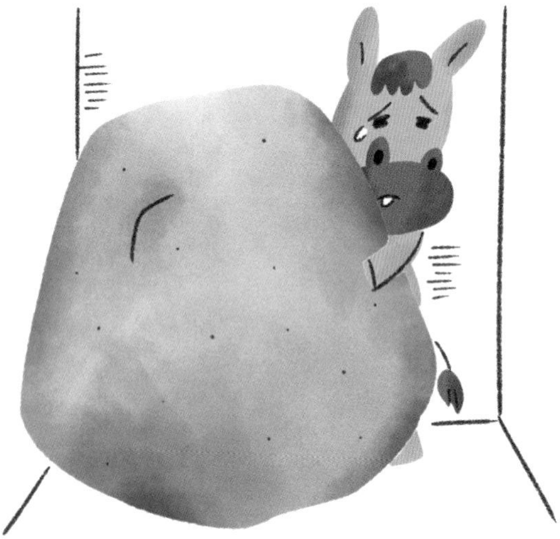

またしばらく歩《ある》いて行《い》くと、
せまい道《みち》の先《さき》でロバが出《で》られなくなっています。

教えるときのポイント

１つ前の問題と同様に、ロボットがどんな動きをするのかを１つずつ書き出してみましょう。いくつかの動きの繰り返しになるので、関数としてまとめることができます。

？もんだい

ジグザグにすすんで、ロバの前《まえ》にある岩《いわ》をくだきましょう。同《おな》じことをくりかえすときには、↻ボタンをおしてから、くりかえしたいボタンを１回《かい》おして、何回《なんかい》くりかえすのか声《こえ》でめいれいします。

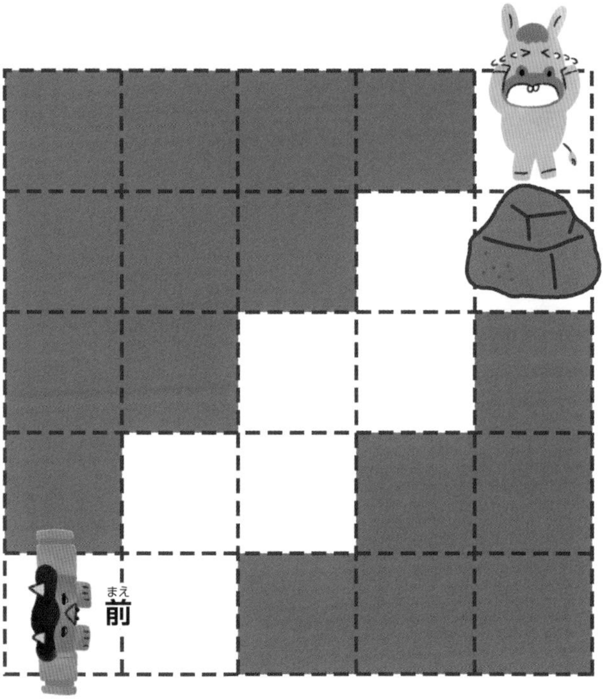

こたえ

□ボタンをおす

▼

［　　　　］をおす

▼

［　　　　］をおす

▼

［　　　　］をおす

▼

［　　　　］をおす

▼

□ボタンをおす

▼

↻ボタンをおす

▼

△ボタンをおす

＋

「3」とロボットにめいれいする

▼

パンチして岩《いわ》をこわす

＜こたえに書《か》くボタン＞

- パンチ
- キック
- ジャンプ
- しゃがむ
- □ボタン
- △ボタン
- ⇧ボタン
- ⇩ボタン
- ⇦ボタン
- ⇨ボタン

へんすう・かんすう

42

月《がつ》　日《にち》

「たすけてくれてありがとう！わたしも手《て》つだいます。わたしはロボット研《けん》究《きゅう》所《じょ》ではたらいていました。ロボットをもっと強《つよ》くしてあげましょう」とロバはいい、どんなにかたいものでもこわせる「ブロックサンダー」というひっさつわざを出《だ》せるようにしてくれました。

また道《みち》をすすむと、上《うえ》のほうから「たすけてくれー」と声《こえ》がします。目《め》の前《まえ》の大《おお》きなとうの上《うえ》を見《み》ると、ニワトリがおりられなくなっていました。

教えるときのポイント

こたえ 欄で最初に□ボタンを押しているので、繰り返す動きを登録するということがわかります。ブロックの色によってどのボタンを押すのかが変わるので、まずは色のパターンを確認して、何を繰り返すのかを考えましょう。

？もんだい

ブロックを下《した》から１つずつこわしていけば、ニワトリが一番下《いちばんした》におりてきて、たすけることができます。ロボットにめいれいをして、ニワトリをたすけましょう。

ルール

- 赤《あか》いブロックはとてもかたいので、ふつうのパンチやキックではこわれない。
- 赤以外《あかいがい》のブロックは、キックでこわせる。
- 「ブロックサンダー」は、パンチとキックのボタンを同時《どうじ》におすと、つかえる。

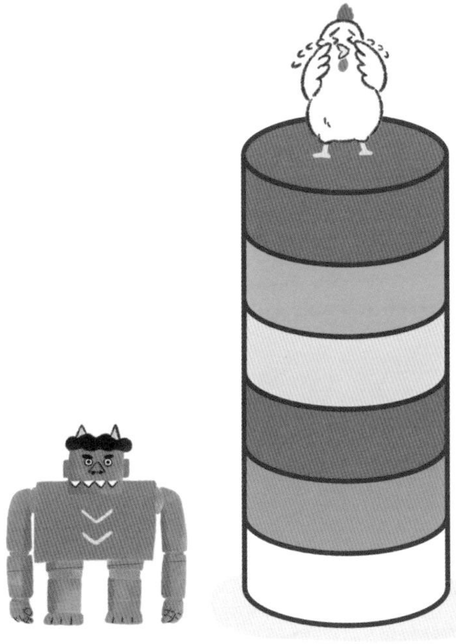

こたえ

□ボタンをおす

▼

［　　　　］をおす

▼

［　　　　］をおす

▼

［　　　　］を同時《どうじ》におす

▼

［　　　　］をおす

▼

［　　　　］をおす

▼

△ボタンをおす

＋

［　　］とロボットにめいれいする

＜こたえに書《か》くボタン＞

- パンチ
- キック
- ジャンプ
- しゃがむ
- □ボタン
- △ボタン
- ボタン

第《だい》 8 章《しょう》

「ももたろう、さいごのたたかい！」

どんどんふえたなかまといっしょに、ズンズンすすむと、オニジンガーZがある町《まち》で止《と》まりました。

ももたろうたちはオニジンガーZをおりて、町《まち》の中《なか》へ。

「すみません、妖怪城《ようかいじょう》に行《い》きたいんですけど……」

「妖怪城《ようかいじょう》!?　あたしゃよくわからないけど、そこの角《かど》をまがったところに、ものしりはかせがいるから、行《い》ってみな」

ここでわかること

プログラミングの考《かんが》え方《かた》 8　まとめ

みなさんのまわりにあるスマートフォンや、パソコン、ゲーム、れいぞうこ、車《くるま》などをうごかしているプログラムも、ここまでやってきたことの組《く》み合《あ》わせでできています。「これは、どういうめいれいでうごいているのかな？」と、考《かんが》えてみましょう。

おうちの方へ

ここまでの章で取り上げてきたものは、大人の皆さんにとって、難しかったでしょうか？ それとも、「プログラミング」という言葉のイメージとは裏腹に、意外と簡単だったでしょうか？　将来、プログラムを書く・書かないにかかわらず、論理的思考力や段取り力、想像力を鍛えるためのツールとして、プログラミングは有効です。近年はコードを書かずにプログラミングを学ぶこともできるので、お子さんに隠された力を引き出すためにも、プログラミングに触れあってみてください。

43

月《がつ》　日《にち》

はかせのところについた、ももたろうたち。
はかせは「妖怪城《ようかいじょう》はいつもは見《み》えなくなっていて、見《み》えるようにするには、あることがひつようなんじゃ」と、ヒントが書《か》かれたメモをくれました。
「妖怪城《ようかいじょう》へ行《い》ったとしても、勇者《ゆうしゃ》の剣《けん》がないと、ボスはたおせん。勇者《ゆうしゃ》の剣《けん》の作《つく》り方《かた》は『ポポさん』が知《し》っているので、聞《き》いてみるといい」

教えるときのポイント

行動の順番を考えるアルゴリズム問題です。すべて一気に考えると混乱してしまうので、まず、自分が持っているもので、何かを交換できる人を探すのが一番早い方法です。

？もんだい

ポポさんのところへ行《い》き、勇者《ゆうしゃ》の剣《けん》の作《つく》り方《かた》を教《おし》えてほしいというと、「剣《けん》のレシピはただでは教《おし》えない。ゼファーさんがもっている『くびかざり』をくれたら、教《おし》えてあげるよ」といわれました。
ももたろうたちが勇者《ゆうしゃ》の剣《けん》を手《て》に入《い》れるためには、どの順番《じゅんばん》で、だれのところへ行《い》けばいいでしょうか。

はかせは、レシピを見《み》たら、剣《けん》を作《つく》るのにひつようなざいりょうを教《おし》えてくれる

ポポさんは、ゼファーさんのもっているくびかざりがほしい

勇者《ゆうしゃ》の剣《けん》は、レシピとざいりょうがあれば、かじ屋《や》の**マーベリックさん**が作《つく》れる

よろずやでは、ぶきを作《つく》るのにひつようなざいりょうが、すべて売《う》っている

ゼファーさんは、妖怪《ようかい》のメダルがほしい。メダルをわたせば、ゼファーさんのもっているものと、こうかんしてくれるらしい

ここからえらぶ

よろずや　ゼファーさん　ポポさん　はかせ　マーベリックさん

こたえ　①　→　②　→　③　→　④　→　⑤

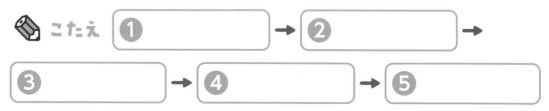

44

月《がつ》　　日《にち》

「勇者《ゆうしゃ》の剣《けん》」を手《て》に入《い》れたももたろうたちは、
はかせからもらった、メモを読《よ》みました。

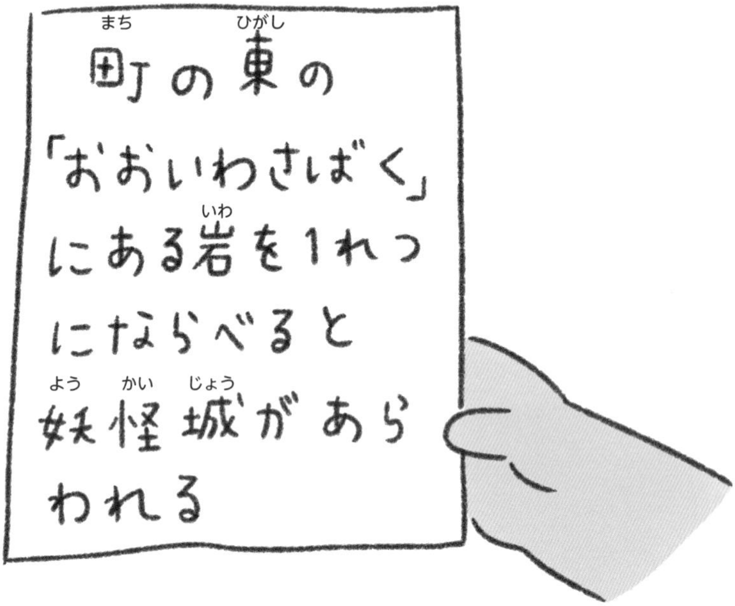

ももたろうたちはオニジンガーZにのりこみ、
「おおいわさばく」をめざしました。

教えるときのポイント

岩は全部で５マスしか動かせないので、どこにどの方向で１列作るのが一番早いかを、まず考えます。ここでは、縦か横か斜めに２つ以上並んでいる場所を見つけるとよいでしょう。家事や仕事と同じように、あらゆる可能性から、最短でできる方法を見つけることも、プログラミング的思考の１つです。

?もんだい

「おおいわさばく」につくと、大《おお》きな岩《いわ》がいくつもありました。岩《いわ》を１れつになるように、ならべましょう。

ルール

- たて・よこ・ナナメ、どれでも１れつになれば、妖怪城《ようかいじょう》はあらわれる。
- 岩《いわ》はぜんぶで５マス分《ぶん》しかうごかせない。
- 岩《いわ》は上下左右《じょうげさゆう》にうごかせる。
- 岩《いわ》はナナメにはうごかせない。

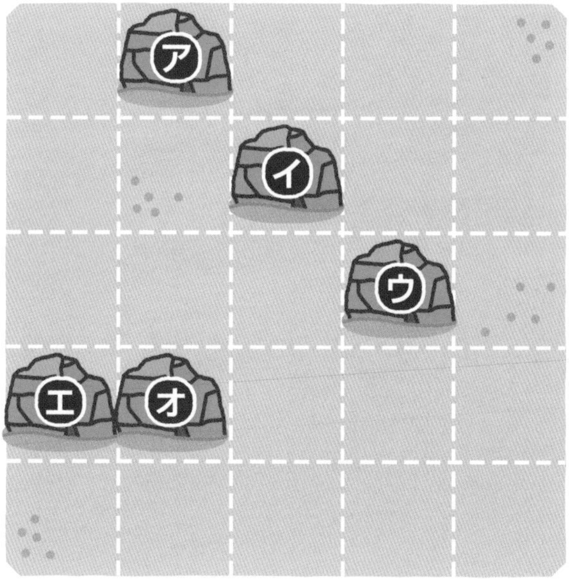

こたえ

□ を１マス □ へうごかす　　□ を１マス □ へうごかす

□ を２マス □ へうごかす　　□ を１マス □ へうごかす

まとめ

45

月《がつ》　日《にち》

岩《いわ》が１れつに並《なら》ぶと「ゴゴゴゴゴ……」というじひびきがなり、地面《じめん》がゆれて、妖怪城《ようかいじょう》がさばくの下《した》からあらわれました。ももたろうたちがオニジンガーZで城《しろ》にのりこむと、そこはうすぐらく、めいろのようになっていました。

教えるときのポイント

左右どちらからでもゴールにたどり着けますが、こたえのプログラムに当てはまるようにするには、どちらへ行くのかを考える必要があります。繰り返しをするときに押すボタンの数から予測してみましょう。

？もんだい

オニジンガーZをうごかして、赤《あか》いトビラまですすみましょう。
つぎのようにうごかしたとき、□にはなんの数字《すうじ》と、どの上下左右《じょうげさゆう》ボタンが入《はい》るでしょうか。

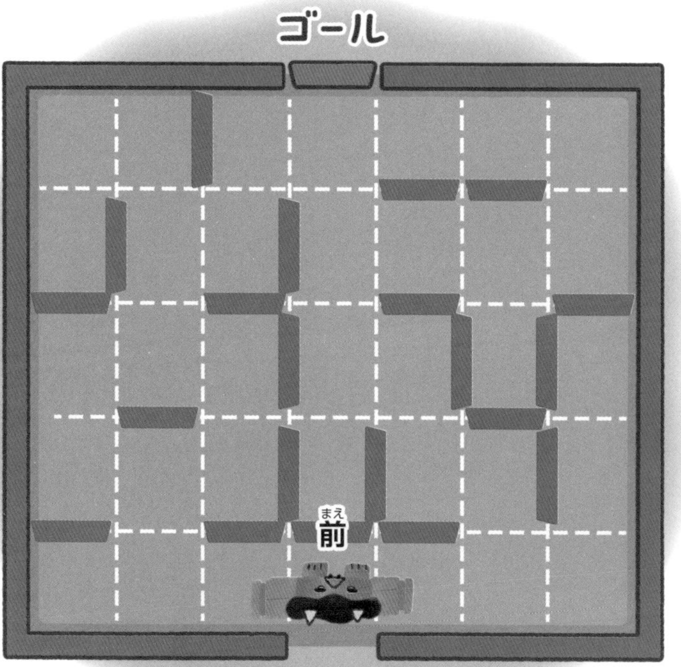

ヒント　うごき方《かた》は92ページへ

こたえ

□をおす

▼

2回《かい》くりかえす

□をおす

▼

□をおす

▼

□回《かい》くりかえす

□をおす

▼

□をおす

▼

□をおす

▼

□をおす

▼

2回《かい》くりかえす

□をおす

▼

赤《あか》いトビラをあける

第《だい》8章《しょう》 まとめ

46

月《がつ》　日《にち》

つぎのへやにすすむと、カベがすこしゆれていました。
「ぬりかべだっ！」とサクラがいいました。
「でも、ねているみたい」とネコがいいます。
ぬりかべがおきたら、たいへんです。

教えるときのポイント

場合分けの問題です。床の色ごとに必ず同じ方向にロボットを進ませるので、色のついた床の次にどちらに動けばいいかを考えていくと、答えが見えてきます。

?もんだい

オニジンガーZをうごかして、赤《あか》いトビラまですすみましょう。このへやでは、ゆかの色《いろ》によって、どちらへすすむことができるのかが、きまっています。オニジンガーZをうごかすとき、□ には上《じょう》下《げ》左《さ》右《ゆう》ボタンの何《なに》が入《はい》るといいでしょうか。

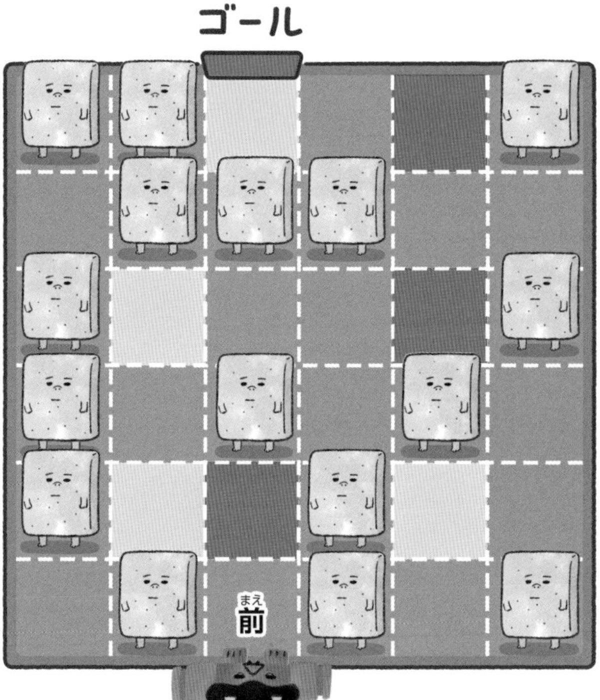

ヒント

先《さき》にどのルートですすむのかきめてから、ゆかの色《いろ》ごとのうごきを考《かんが》えよう！

こたえ

もしゆかが ■ なら □ をおす

もしゆかが ■ なら □ をおす ▼ □ をおす

もしゆかが ■ なら □ をおす ▼ □ をおす

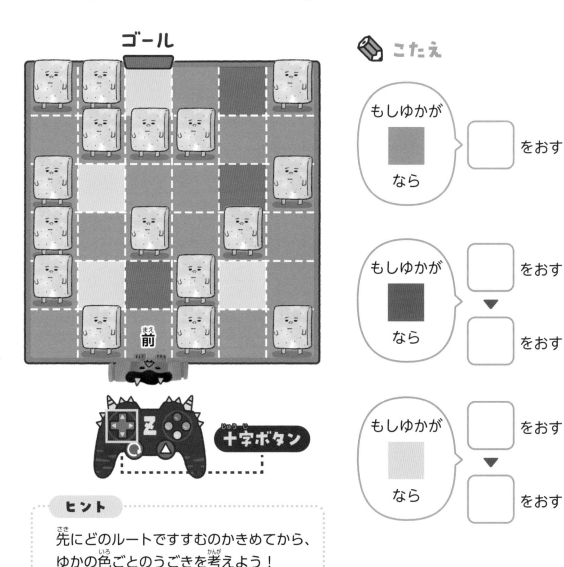

47

月《がつ》　日《にち》

トビラのおくにすすむと、オニジンガーZの電池《でんち》がきれて、うごかなくなってしまいました。
オニジンガーZをおりて先《さき》にすすむと、
妖怪《ようかい》8人衆《にんしゅう》がまちかまえていました。
「ここはわたしたちにまかせて、先《さき》に行《い》ってくれ！」と、
イヌ、ネコ、ニワトリ、ロバがいいました。

教えるときのポイント

妖怪の数が、動物たちの数より多いところがポイントです。「1匹の動物が複数の妖怪を倒すように配置しなくてはいけない」ことになります。

?もんだい

イヌたちはそれぞれ、黄色《きいろ》の方向《ほうこう》にこうげきできます。1回《かい》のこうげきで妖怪《ようかい》たちをすべてたおすためには、❶〜⑰のマスのうち、イヌたちはそれぞれ、どこにいればいいでしょうか。

<こうげきできる方向《ほうこう》>

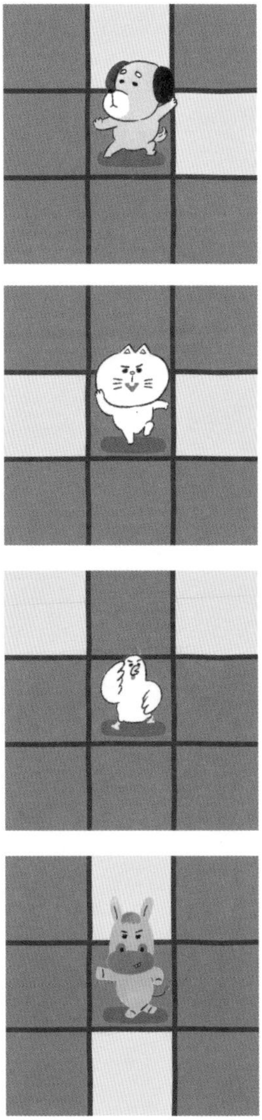

こたえ				
マスの番号《ばんごう》				

まとめ

48

月《がつ》　日《にち》

妖怪《ようかい》8人衆《にんしゅう》をイヌたちにまかせて先《さき》にすすんだ
ももたろうとサクラ。
すると「ふぉーふぉっふぉっ」という声《こえ》とともに、
妖怪《ようかい》のボス「つるりひょん」が出《で》てきました。
いよいよ、さいごのたたかいです！

教えるときのポイント

2人の「しゃがむ」という動きから考えていきましょう。一番上の［　　　］がうまると、順番に答えがうまっていきます。1つの条件から他に決まってくる条件を考えるのも、プログラミング的思考の1つです。

?もんだい

ももたろうとサクラはどんなうごきをすれば、つるりひょんをたおせるでしょうか。［　　］の中《なか》をうめましょう。

ルール

- つるりひょんの**「パンチ」**は、しゃがむとよけられる。
- つるりひょんの**「下《した》ゲリ」**は、**ジャンプ**でよけられる。
- よけたあとに**剣《けん》をふれば、**つるりひょんをこうげきできる。
- つるりひょんの**「ずつき」**には、ずつきでかえす。
  ずつきのあとは、こうげきできない。

こたえ

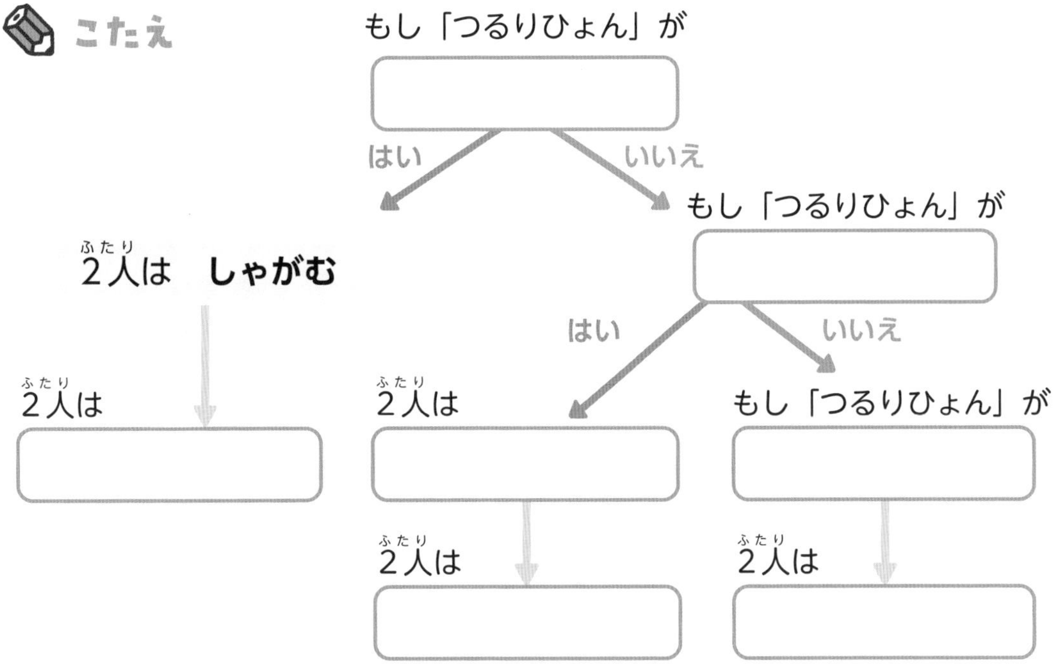

［　　］に入《はい》るキーワード

パンチ　剣《けん》をふる　下《した》ゲリ　ずつき　ジャンプ

※キーワードはすべてつかいましょう。同《おな》じキーワードを2回《かい》つかってもOK！

つるりひょんをやっつけると、妖怪城《ようかいじょう》が消《き》えて、
村《むら》からぬすまれたやさいやお宝《たから》があらわれました。
ももたろうとサクラは、村《むら》にもちかえって、
みんなにかえすことにしました。

旅《たび》のとちゅうですっかりなかよくなったイヌ・ネコ・ロバ・
ニワトリは、「みんなで音楽《おんがく》たいに入《はい》る」といって、
帰《かえ》り道《みち》の途中《とちゅう》でわかれました。

ももたろうとサクラは、妖怪《ようかい》たちにとられたものをすべてかえしたあと、おじいさんとおばあさんのまつ家《いえ》にもどり、カレーおでんをおなかいっぱい食《た》べました。

おわり

ステップアップ！

パソコンでプログラミングして、ゲームを作《つく》ってみよう！

『ももたろうのぼうけん　プログラミングドリル』をすべてとけた人《ひと》は、パソコンをつかったプログラミングにも、ちょうせんしてみましょう！
ここからは、おとなの人《ひと》といっしょに、やってみてください。

おうちの方へ

ここからは、「Scratch（スクラッチ）」を使って簡単なゲームのプログラミングをしていきます。この本で身につけた思考力で、プログラミングができるということを体験できる内容です。
Scratchは、MIT（マサチューセッツ工科大学）メディアラボで開発された無料のプログラミング学習ツールで、学校や塾など広く教育現場で使われています。プログラミングだけでなく、絵を描いたり作曲したりすることもでき、お子さんの才能を開花させるマルチ創作ツールです。https://scratch.mit.eduからアクセスできます。登録なしでも使えますが、作ったプログラムを保存する場合はアカウント登録（メールアドレス）が必要です。

Scratchが動くブラウザ

<パソコン>

Chrome(バージョン63以上)、Edge(バージョン15以上)、Firefox(バージョン57以上)、Safari(バージョン11以上)

※Internet Explorer はサポートされていません。

<タブレット>

Mobile Chrome(バージョン63以上)、Mobile Safari(バージョン11以上)

※2023年10月現在。最新情報、詳細はオフィシャルサイトをご覧ください。
https://scratch.mit.edu/info/faq

素材データのダウンロード方法

下記サイトへアクセスして、素材データをダウンロードしてください。

https://eny.fun/momotaro/

サイトの手順にしたがって、Scratch でプログラミングを始める準備をしましょう。

Scratchの基本

「ブロックパレット」にあるブロックを「コードエリア」にドラッグして、ブロックを組み合わせると、プログラムができます。

ブロックは1つひとつが「ステージ」にいるキャラクター(「スプライト」といいます)などを動かすための命令になります。

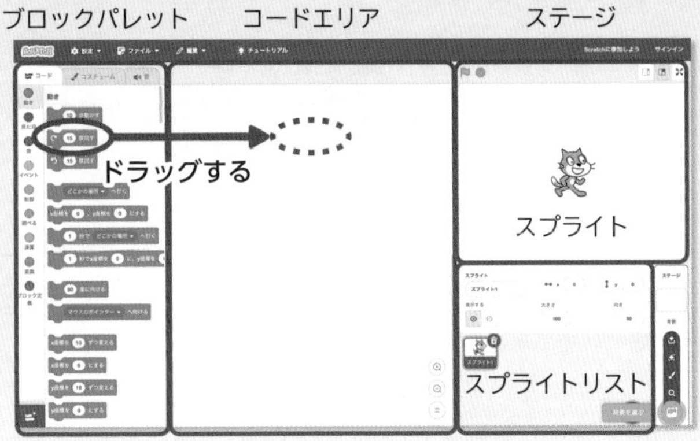

練習問題 ▶ももたろうを動かそう！

❶「スプライトリスト」の中にあるももたろうをクリックします。これで、ももたろうのプログラムを作れるようになります。

❷「ブロックパレット」の中の「(10) ほ うごかす」ブロックを、「コードエリア」にドラッグします。

➔ブロックをクリックすると、プログラム（命令）が実行されて、ももたろうが動きます。

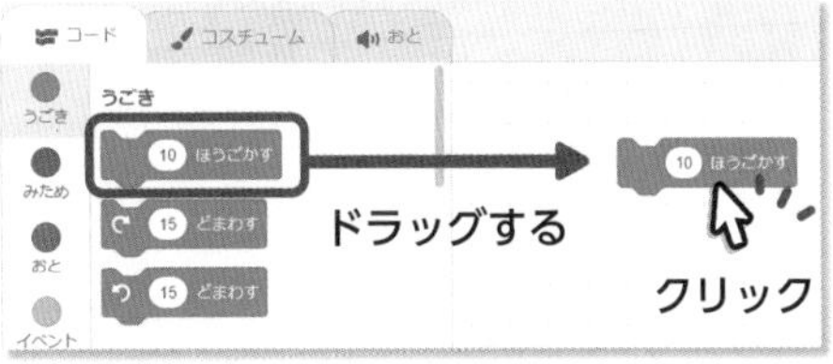

❸次は、「(15) ど まわす」ブロックをドラッグして、「(10) ほ うごかす」ブロックの下にくっつけてみましょう。

➔ブロックをクリックすると、2つの命令が上から順番に実行されて、さっきと動きが変わるはずです。上から順番に実行されているので、第1章の「順次実行」ですね！

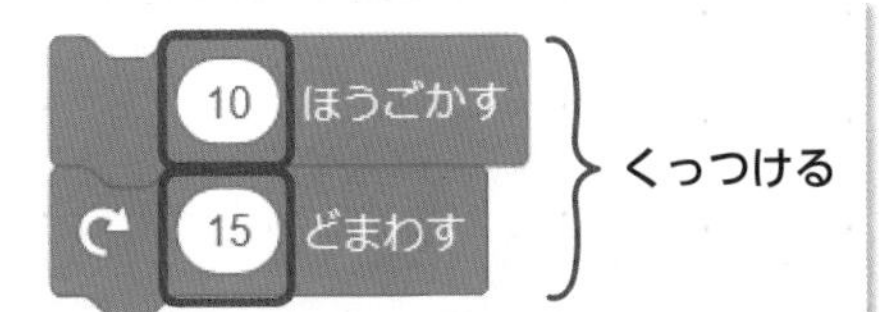

(　)の中には数字をキーボードで入力できるので、いろいろな数字を入れて試してみよう！

これから作るゲームで遊んでみよう！

ゲームを作る前に、完成品で遊んでみましょう。
次のURLにアクセスして、今から作るゲームを体験してみてください。マウスを動かして（ももたろうを動かして）、ぬりかべを攻撃するゲームです。
ぬりかべをクリックするたびに、色が変わります。

https://scratch.mit.edu/projects/901229781/

緑色の旗のマークをクリックして、ゲームを始めます。

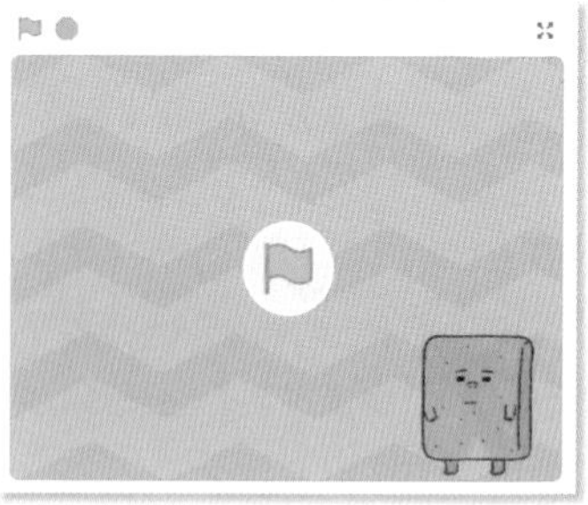

STEP 1 ▶何をプログラムすればいいか、考えてみよう！

どんなゲームになるかわかりましたか？
ゲームをしたとき、ももたろうやぬりかべはどんな動きをしていましたか？
プログラミングをするときは、作りたいものの動きを、１つひとつ考えていくとうまくいきます。

ぬりかべはどんな動きをしていた？

A

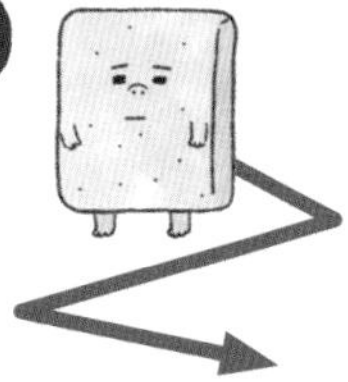

いろいろなところへ３回動く
（ランダムに３回移動する）

B

クリック

クリックすると色が変わる

ももたろうはどんな動きをしていた？

C

ずっとマウスについてくる
（マウスの少し下にずっといる）

キャラクターごとに、その動きを１つずつ書き出して整理すると、プログラムしやすくなります。今回は A、B、C の３つのプログラムを作れば、ゲームが完成します。
Scratchでは、スプライト（ここでは登場人物である、ももたろうとぬりかべ）ごとにプログラムをすることができます。それでは、１つずつプログラムを作っていきましょう！

STEP 2 ▶ プログラムⒶ（ぬりかべがいろいろなところへ3回動く）を作ろう！

❶ ぬりかべを動かすプログラムを作るので、「スプライトエリア」の中にいるぬりかべをクリックします。そうすると、ぬりかべのプログラム画面になります。

❷「いろいろなところへ３回動く」と命令するブロックがないので、ブロックを組み合わせて作ります。

- ぬりかべが動く
  ➡「(1)びょうで（どこかのばしょ）へいく」ブロック
- ３回くりかえす
  ➡「(10)かい くりかえす」ブロック

この２つを「ブロックパレット」から探して、「コードエリア」にドラッグしましょう。

プログラムⒶで使うブロック

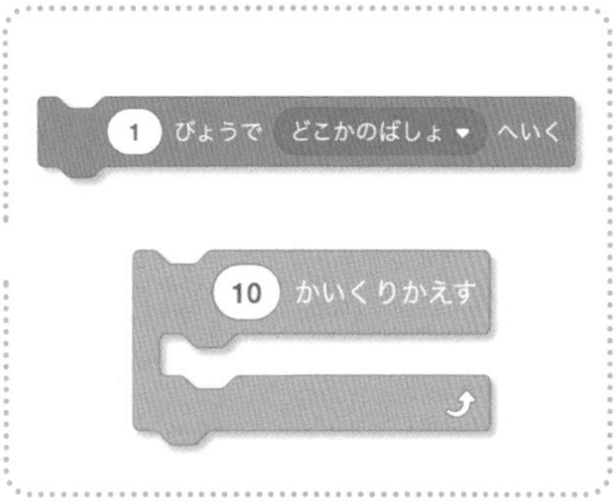

❸「(1)びょうで（どこかのばしょ）へいく」ブロックは、「(10)かい くりかえす」ブロックの間にはさむことができます。はさんだら、オレンジのブロックを１度クリックしてみましょう。

➜ぬりかべが10回いろいろなところへ動きます。
今回は、数字を「3」に変えましょう。

完成

❹「🏳がおされたとき」ブロックをドラッグして、一番上にくっつけます。

➜このブロックは、Scratchのプログラムを動かすスタートボタンだと思ってください。
最初から動かすプログラムの上には、必ずつけます。

プログラムⒶの完成！

数字を３に変えましょう。

STEP 3 ▶プログラムB（ぬりかべをクリックすると色が変わる）を作ろう！

❶「クリックしたら色を変える」というブロックはないので、今回もブロックを組み合わせて作ります。

- クリックしたら
  ➡**「このスプライトがおされたとき」ブロック**
- 色を変える
  ➡**「(いろ) のこうかを (25) ずつかえる」ブロック**

プログラムBで使うブロック

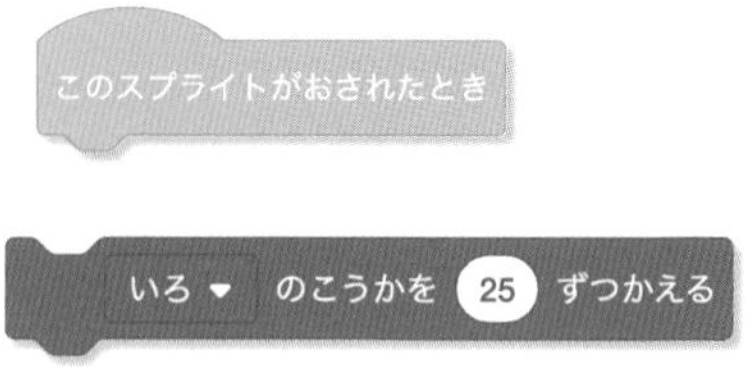

この２つを「ブロックパレット」から探して、「コードエリア」にドラッグしましょう。

➜「もし……したら～」というのは、「場合わけ」です。ゲームなどのプログラムでは、「もしAボタンがおされたら」とか「もしコントローラーが傾けられたら」のように、「場合わけ」をとてもよく使います。

完成

❷ ２つのブロックをつなげて、「(いろ) のこうかを (50) ずつかえる」にしたら完成です。

➜できたら「ステージ」にいるぬりかべをクリックして、色が変わるか試してみましょう。

ぬりかべの色や形（効果）をもとに戻したい場合は、このブロックをクリックしましょう。

プログラムBの完成！

ここをクリックすると、ぬりかべがどう変わるかを決められます。

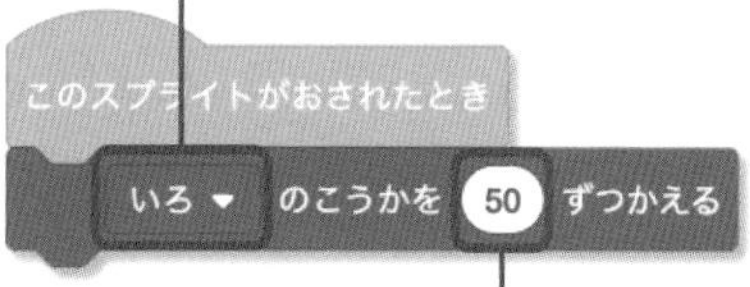

数字を50に変えましょう。他の数字を試してみるのもいいですね！

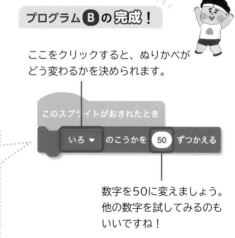

STEP 4 ▶ プログラム C（ももたろうがずっとマウスについてくる）を作ろう！

❶ももたろうを動かすプログラムを作るので、「スプライトエリア」の中にいるももたろうをクリックします。そうすると、ももたろうのプログラム画面になります。

❷ももたろうは「ずっとマウスについてくる」という動きをしています。これは、「『ついてくる』をくり返している」と言い換えられます。

- マウスについてくる
 ➡「（どこかのばしょ）へいく」**ブロック**
- くりかえす ➡「ずっと」**ブロック**

プログラム C で使うブロック

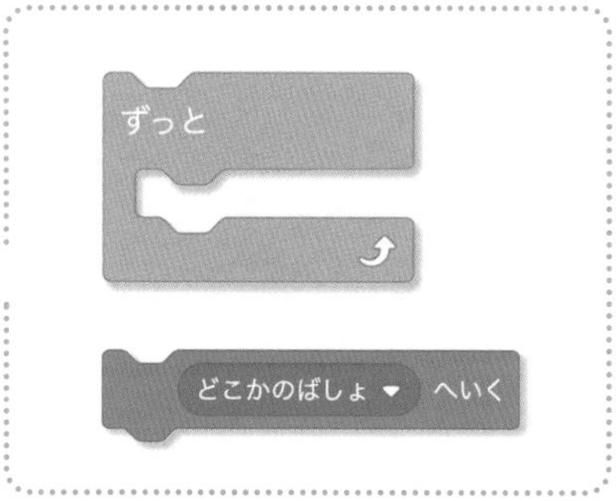

この２つを「ブロックパレット」から探して、「コードエリア」にドラッグしましょう。

➜今回は「（マウスのポインター）へいく」にします。

完成

❸「ずっと」ブロックの間に「**（マウスのポインター）へいく**」ブロックをはさんでから、一番上に「**🏁がおされたとき**」ブロックをつけます。

➜これでゲームの完成です！
 🏁マークをクリックしてみましょう！

プログラム C の完成！

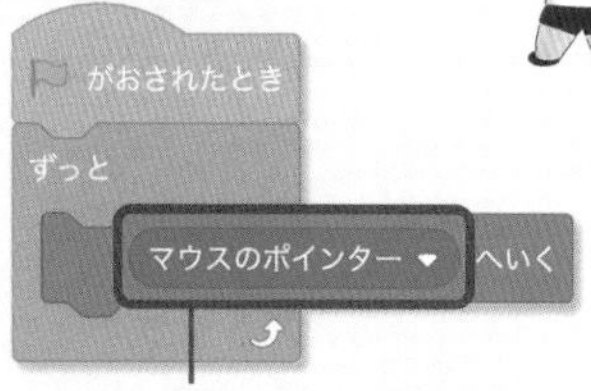

「マウスのポインター」に変えましょう。

Scratchで作るプログラムは、どうでしたか？　この通り、ドリルでやった「くりかえし」や「場合わけ」などが、プログラムを作るときの基本的な考え方なんです。Scratchでは絵を描いたり音楽を作ったりといろいろな作品を作ることができるので、今度は自分のオリジナル作品に挑戦してみてください！

Scratchでの作品作りの基本がまとまっている、こちらの本もおすすめ！▶

こたえ合《あ》わせ

※順番《じゅんばん》が前後《ぜんご》する場合《ばあい》があります。

もんだい 1 のこたえ

スタート ▶ ア ▶ イ ▶ オ ▶ カ ▶ ケ ▶ ゴール

もんだい 3 のこたえ

も	も	は	あ	ま	い	よ

もんだい 4 のこたえ

イ ▶ エ ▶ ウ ▶ オ ▶ イ ▶ ウ ▶ ア ▶ ア

もんだい 5 のこたえ

↓ ▶ ↓ ▶ ↓ ▶ ↑ ▶ ← ▶ ←

もんだい 2 のこたえ

右《みぎ》 にすすむ
▼
前《まえ》 にすすむ
▼
前《まえ》 にすすむ
▼
左《ひだり》 にすすむ
▼
前《まえ》 にすすむ
▼
前《まえ》 にすすむ
▼

もんだい 6 のこたえ

おでんなべを用意《ようい》する
▼
おでんのだしをなべに入《い》れる
▼
なべに火《ひ》をつける
▼
だいこんをきる
▼
だいこんを入《い》れる
▼
ウィンナーを入《い》れる
▼
カレールーを入《い》れる
▼
にこんで完成《かんせい》！

もんだい 7 のこたえ

↑ を2回《かい》くりかえしたあと、 ⇨ を4回《かい》くりかえしておかしやへ

もんだい 8 のこたえ

↑ を2回《かい》くりかえしたあと、「きびアイス」をカゴに入《い》れます。

つぎに、 ⇨ を2回《かい》くりかえして、「ももバー」をカゴに入《い》れます。

そのあと ⇩ 下《した》にすすむ を 2 回《かい》くりかえしてから、 ⇨ を 3 回《かい》くりかえして、

「ももチップス」をカゴに入《い》れます。

もんだい 9 のこたえ

6 番《ばん》を **ブタ** マークに、 8 番《ばん》を **モモ** マークにする。

もんだい 10 のこたえ

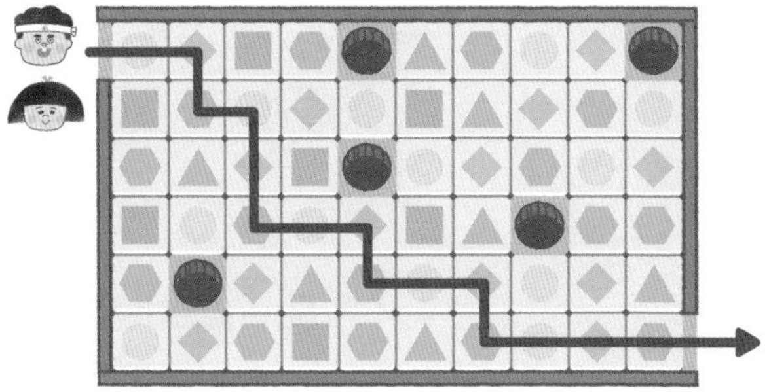

もんだい 11 のこたえ

ウ のボタンを

3 回《かい》おす

もんだい 12 のこたえ

3 と 6

?もんだい 13 のこたえ

ふじ　道場《どうじょう》の　**オニガワラ**　先生《せんせい》の　**とりゃとりゃ**　コース

?もんだい 14 のこたえ

朝《あさ》　**いいこと**　ことがあって　**うれしい**　気《き》もち

?もんだい 15 のこたえ

ウ

?もんだい 16 のこたえ

イ

?もんだい 17 のこたえ

2

?もんだい 18 のこたえ

23

?もんだい 19 のこたえ

ウ　と　エ

?もんだい 20 のこたえ

イ　ウ　オ

?もんだい 21 のこたえ

カ

?もんだい 22 のこたえ

エ

?もんだい 23 のこたえ

ウ

?もんだい 24 のこたえ

イ

？もんだい
25のこたえ
ウミ

？もんだい
26のこたえ
1 → 2 → 3 → 8 → 4

？もんだい
27のこたえ
ウミウミハナセール

？もんだい
28のこたえ
9 → 2 → 4 → 2 → 1 → 9

？もんだい
29のこたえ
オキ ウセ イコ イケ アサ

？もんだい
30のこたえ
2

？もんだい
31のこたえ
ア ▶ キ ▶ カ ▶ オ ▶ ウ ▶ イ ▶ エ

？もんだい
32のこたえ

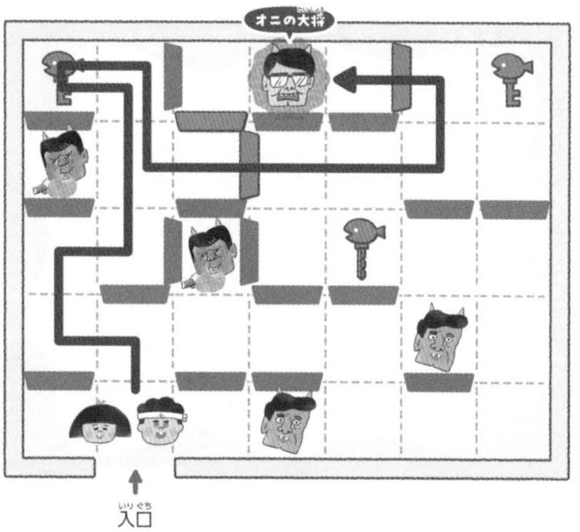

もんだい 33 のこたえ

右足《みぎあし》 → 左足《ひだりあし》 → 右手《みぎて》 → 左手《ひだりて》 → ツノ

もんだい 34 のこたえ

ア を1つ 右《みぎ》 へうごかす

▼

2人《ふたり》は前《まえ》に3つすすむ

▼

ア を1つ 左《ひだり》 へうごかす

▼

ウ を2つ 上《うえ》 へうごかす

▼

イ を1つ 右《みぎ》 へうごかす

▼

2人《ふたり》は前《まえ》に1つすすむ

▼

エ を1つ 下《した》 へうごかす

▼

オ を2つ 右《みぎ》 へうごかす

▼

2人《ふたり》は前《まえ》に2つすすむ

もんだい 35 のこたえ

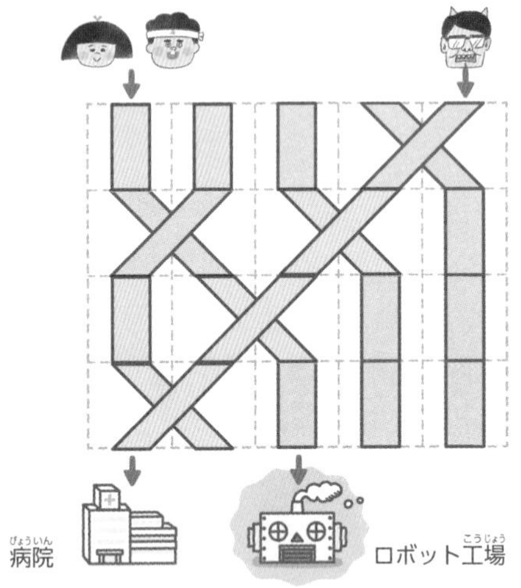

もんだい 36 のこたえ

ロボット❸ を オ におく

↓

ロボット❷ を ウ におく

↓

オニジンガーZ を イ におく

↓

オニジンガーZを出口《でぐち》におく

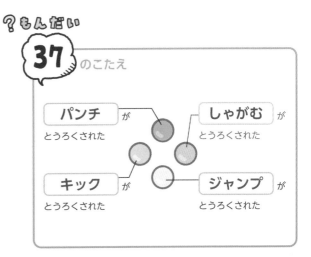

もんだい 37 のこたえ

パンチ が とうろくされた

しゃがむ が とうろくされた

キック が とうろくされた

ジャンプ が とうろくされた

？もんだい 38 のこたえ

□ ボタン をおす
▼
○ ジャンプ をおす
▼
○ キック をおす
▼
○ パンチ をおす
▼
□ ボタン をおす
▼
△ を何回《なんかい》かおして、およいで地上《ちじょう》へ

？もんだい 39 のこたえ

□ ボタン をおす
▼
○ パンチ をおす
▼
↑ ボタン をおす
▼
□ ボタン をおす
▼
△ を３回《かい》おして、３つの岩《いわ》をこわしてイヌをたすける

？もんだい 40 のこたえ

○ パンチをおす
▼
↑ ボタンをおす
▼
□ ボタンをおす
▼
○ パンチ をおす
▼
↑ ボタン をおす
▼
○ パンチ をおす
▼
↑ ボタン をおす
▼
← ボタン をおす
▼
□ ボタンをおす
▼
△ を４回《かい》おして、ネコをたすける

？もんだい 41 のこたえ

□ ボタンをおす
▼
↑ ボタン をおす
▼
← ボタン をおす
▼
↑ ボタン をおす
▼
→ ボタン をおす
▼
□ ボタンをおす
▼
↻ ボタンをおす
▼
△ ボタンをおす
＋
「3」とロボットにめいれいする
▼
パンチして岩《いわ》をこわす

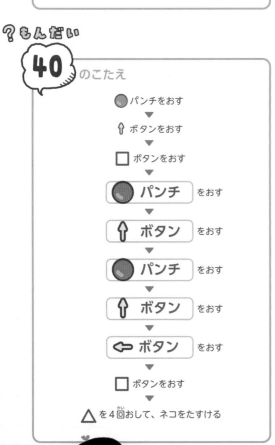

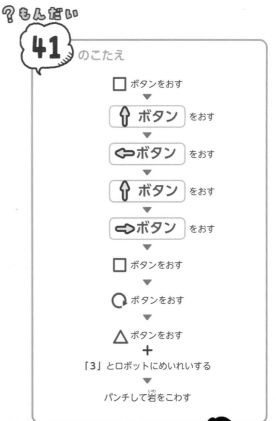

?もんだい 42 のこたえ

□ ボタンをおす
▼
キック をおす
▼
キック をおす
▼
パンチ と キック を同時《どうじ》におす
▼
□ ボタン をおす
▼
↻ ボタン をおす
▼
△ ボタンをおす
＋
2 とロボットにめいれいする

?もんだい 43 のこたえ

① ゼファーさん
↓
② ポポさん
↓
③ はかせ
↓
④ よろずや
↓
⑤ マーベリックさん

?もんだい 44 のこたえ

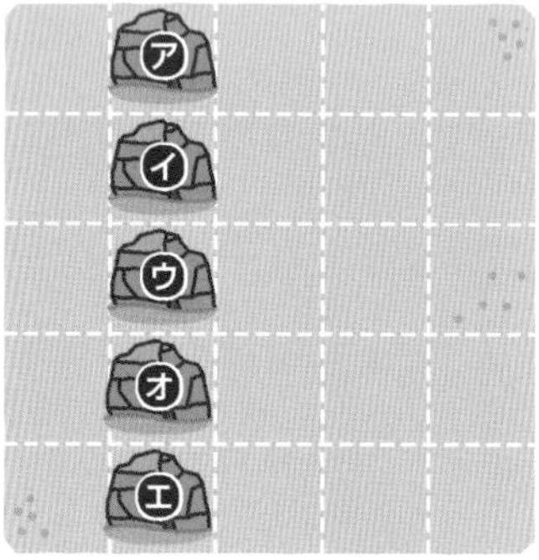

ウ のところ以外《いがい》は、この順番《じゅんばん》でなくても構《かま》いません。

イ を1マス 左《ひだり》 へうごかす
ウ を2マス 左《ひだり》 へうごかす
エ を1マス 下《した》 へうごかす
エ を1マス 右《みぎ》 へうごかす

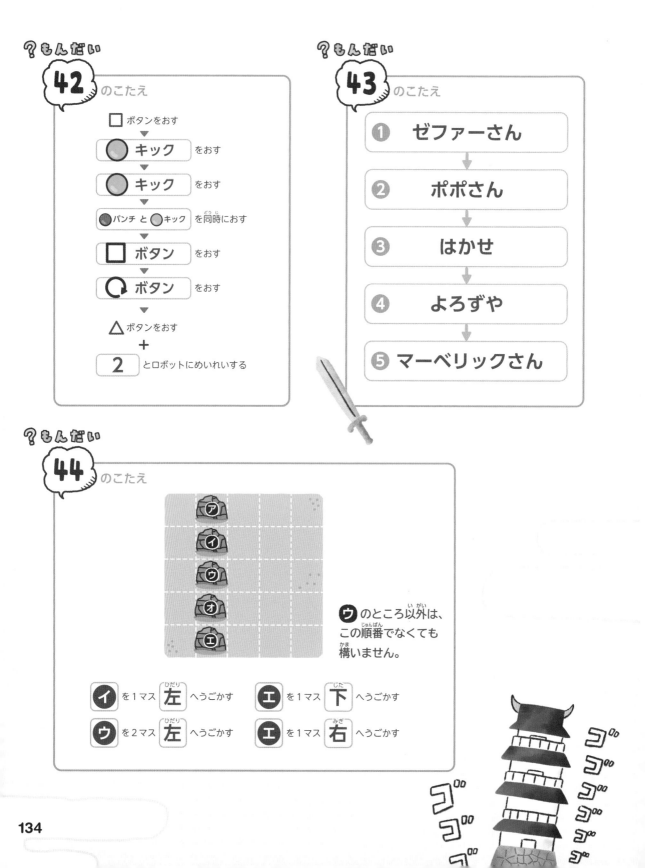

もんだい 45 のこたえ

⇨ をおす

▼

2回《かい》くりかえす

⇧ をおす

▼

⇦ をおす

▼

2 回《かい》くりかえす

⇧ をおす

▼

⇦ をおす

▼

⇧ をおす

▼

⇨ をおす

▼

2回《かい》くりかえす

⇧ をおす

▼

赤《あか》いトビラをあける

もんだい 46 のこたえ

もしゆかが ■ なら → ⇧ をおす

もしゆかが ■ なら → ⇦ をおす ▼ ⇧ をおす

もしゆかが ■ なら → ⇨ をおす ▼ ⇧ をおす

もんだい 47 のこたえ

マスの番号《ばんごう》	17	16	10	5

もんだい 48 のこたえ

もし「つるりひょん」が パンチ

はい → 2人《ふたり》は しゃがむ → 2人《ふたり》は 剣《けん》をふる

いいえ → もし「つるりひょん」が 下《じた》ゲリ

はい → 2人《ふたり》は ジャンプ → 2人《ふたり》は 剣《けん》をふる

いいえ → もし「つるりひょん」が ずつき → 2人《ふたり》は ずつき

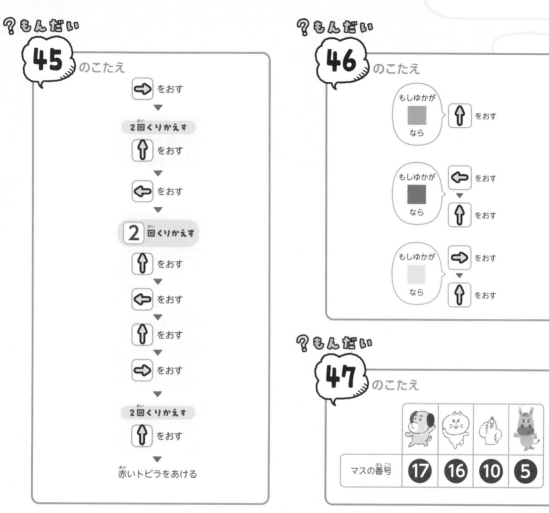

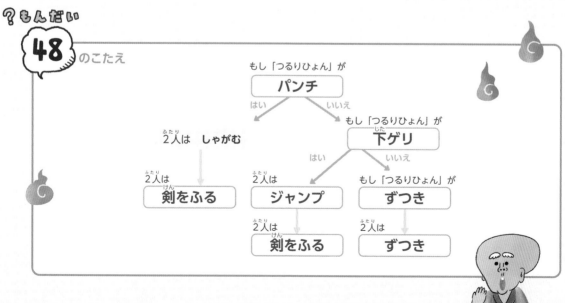

著者紹介

熊谷　基継（くまがい・もとつぐ）

◉――TechKidz ACADEMY/ 有限会社 ENY 代表。

◉――1975年生まれ。青山学院大学大学院卒業。卒業後、NEC にて販促・企画に従事。その後、中目黒のおでんや料理人、コンサルティング会社での WEB デザイン・プログラミング、マーケティング職を経て、IT 専門学校 HAL 東京にてプログラミング・デザインを教える。講師時代に「プログラミングはもっと早い子どもの時期から教育すべき」と感じ、キッズプログラミング学習オンラインスクールを立ち上げる。過去に指導した子どもたちは 1000 名以上。

◉――現在、小学生向けのプログラミングイベントやプログラミング教室のアドバイザーを務めるほか、オンラインプログラム学習サービス・Paiza、社会人教育研修サイト等でカリキュラム開発に携わり、プログラミング教材を提供している。2019 年には制作したプログラミング番組が対馬市 CATV にて放送され、同市のプログラミング教育コンテンツとして教育委員会から認定。同市の小学校の教材として採用された。

◉――世界的な WEB デザインアワードを多数受賞、ノミネート（A' Design Award、CSS Design Awards、Design Awards Asia、Awwwards など）。著書に『親子で学べる いちばんやさしいプログラミング おうちでスタート BOOK』（すばる舎）、『小学校６年生までに必要なプログラミング的思考力が１冊でしっかり身につく本』（小社刊）がある。

論《ろん》理《り》的《てき》思《し》考《こう》力《りょく》がつく！
ももたろうのぼうけん　プログラミングドリル

2023年11月24日　　第１刷発行

著　者――熊谷　基継
発行者――齊藤　龍男
発行所――株式会社かんき出版
東京都千代田区麹町4-1-4 西脇ビル　〒102-0083
電話　営業部：03(3262)8011㈹　編集部：03(3262)8012㈹
FAX　03(3234)4421　　振替　00100-2-62304
https://kanki-pub.co.jp/

印刷所――シナノ書籍印刷株式会社

ISBN978-4-7612-3107-1 C6004